Dittmann (Hrsg.) • Werkstatt Situationsansatz

Die Reihe »Praxisfeld Kindergarten« wird herausgegeben
von Mara Dittmann und Christian Büttner

Werkstatt Situationsansatz

Ein Arbeitsbuch mit vielen Berichten aus der Praxis

Herausgegeben von Mara Dittmann

Beltz Verlag · Weinheim und Basel

Die Herausgeberin:
Mara Dittmann, Diplom-Pädagogin, Dozentin an den Evangelischen Ausbildungsstätten Elisabethenstift, Darmstadt, Buchautorin und seit 1981 in der Aus- und Fortbildung von Erziehern/Erzieherinnen tätig.

Gesetzt nach den neuen Rechtschreibregeln
Lektorat: Peter E. Kalb

http://www.beltz.de
Herstellung: Ute Jöst, Publikations-Service, Birkenau
Satz: Satz- und Reprotechnik GmbH, Hemsbach
Druck: Druckhaus Beltz, Hemsbach
Umschlaggestaltung: Federico Luci, Köln
Umschlagfoto: Atelier Stefan Blume, Worms
Printed in Germany

ISBN 3-407-62395-X

Inhalt

Wegweiser

Die meisten Menschen gehen nicht systematisch vor, wenn sie sich eine neue Arbeitsweise aneignen wollen. Sie lesen hier etwas und hören dort etwas anderes. Sie probieren aus und geraten in Sackgassen. Sie geben zeitweise auf, bevor sie einen neuen Anlauf machen. Viele Menschen finden auch leichter einen Zugang zur Theorie, wenn sie sich anhand von Beispielen ein Bild machen können, wie ein bestimmtes Vorgehen in der Praxis aussehen kann. Für solche Menschen wurde dieses Buch gemacht.

Insofern finden Sie hier keine vollständige Abhandlung zum Situationsansatz. Dazu empfehlen wir andere Literatur. Sie finden hier aber eine Möglichkeit einzusteigen, sich anhand von zahlreichen Beispielen ein Bild zu machen, wie der Situationsansatz in der Praxis aussehen kann. Das heißt nicht, dass er so aussehen muss. Wenn Sie erste Schritte erproben, stellen Sie vielleicht fest, dass für Sie persönlich, für Ihre Einrichtung andere Schwerpunkte, andere Schritte notwendig sind. Wir hoffen, dass die Möglichkeit, anderen ins Nähkästchen zu schauen, Sie unterstützen kann, Denkhemmungen zu überwinden. Dafür haben uns dankenswerterweise die Evangelischen Kindergärten aus Lorsch und Winterkasten ihr Material zur Verfügung gestellt: teilweise minutiös beschriebene Projekte, die sie zu bedeutsamen Lebenssituationen mit den Kindern gestaltet haben. In diesen Beschreibungen wird mehr als in jeder Abhandlung deutlich, wie wichtig eine offene und den Kindern zugewandte Haltung ist. Diese Haltung kann man nur am Beispiel üben, in stetiger Selbstreflexion und im Austausch mit einer oder mehreren Personen des Vertrauens. Deshalb gibt es in diesem Buch keinen eigenen Abschnitt dazu. Wir hoffen, dass diese Haltung in allen Beiträgen des Buches deutlich wird.

Im Grunde beantworten sich die meisten Fragen an den Beispielen von selbst: Wie das aussehen kann, wenn ich Kinder als Gestalter ihrer Lebensrealität ernst nehme, wie ich sie auf ihrem Weg zu Autonomie, Kompetenz und Solidarität begleiten kann. Wie ich ihnen Beteiligung zugestehe. Und bei allem zeigt sich, dass die Veränderung im Kopf der einzelnen Erzieherin anfängt. Erst wenn sie bereit ist, zum Beispiel die Regeln in ihrer Einrichtung zu hinterfragen, auch scheinbar unwichtige Situationen genau anzuschauen und eventuell neu zu gestalten, erst dann kann sie sich auf den Weg machen, nach dem Situationsansatz zu arbeiten.

Der rote Faden dieses Buches hat sich aus einer Serie von Fortbildungen zum Thema »Werkstatt Situationsansatz« entwickelt. Die teilnehmenden Erzieherinnen und Erzieher haben sich an ihnen bekannten Stichworten orientiert oder aber schon erste Schritte auf dem Weg gemacht und sind plötzlich gestolpert. Die Fragen und

Zweifel, die uns auf dem gemeinsamen Weg begegnet sind, werden in diesem Buch in »Stoßseufzern« formuliert. Mit ganz konkreten Beispielen oder aber kurzen Hinweisen werden Wege beschrieben, wie man diese Stolpersteine umgehen oder aus der Sackgasse herausfinden kann.

Den Einstieg bildet ein Kapitel über die Beobachtung »Am Anfang, mittendrin und auch am Ende« diese Überschrift sagt schon, dass die Basis jeder pädagogischen Arbeit nach dem Situationsansatz eine gute Beobachtung ist. Deshalb steht sie auch in diesem Buch an erster Stelle, gefolgt von einem ausführlichen Praxisbeispiel aus Lorsch.

Aus der Beobachtung lässt sich im Idealfall eine Schlüsselsituation herausfiltern. Deshalb folgt der Themenkomplex »Schlüsselsituation – Schlüssel wozu und für wen?« Hierbei handelt es sich sicher um den schwierigsten Teil im Rahmen des Situationsansatzes, zumal es keine abhakbaren Listen gibt, an Hand derer man erkennen könnte, ob man die richtige Schlüsselsituation »getroffen«hat. Rückmeldung geben hier die Kinder mit ihrem Interesse und ihrem Einsatz für das Thema. Die Entscheidung aber trifft zunächst die Erzieherin aufgrund ihrer Erfahrung, bespricht sich mit den Kolleginnen und den Eltern. Auch hier wird der Prozess in einem Projekt aus der Praxis beschrieben.

Der dritte Teil des Buches beschäftigt sich mit Methoden, die am häufigsten mit dem Situationsansatz in Verbindung gebracht werden: »Kinderkonferenz, Pinnwand & Co.« Gerade hier gilt es genau zu unterscheiden, denn oft steht der Teil für das Ganze: »Wir sammeln unsere Themen auch an der Pinnwand, also arbeiten wir nach dem Situationsansatz!?« So einfach ist es ganz gewiss nicht, wie wiederhum die Projekte aus der Praxis belegen.

Den Abschluss bildet der Blick in die »Pädagogische Weite und die Enge der Rahmenbedingungen«. Ein Blick über den Tellerrand, der deutlich macht, dass die kleinen Schritte nicht zu unterschätzen sind angesichts der umfangreichen Problematik. Andererseits sollte man bei allen kleinen Schritten auch nicht die politische Wurzel des Situationsansatzes ausser acht lassen.

Das sieht zunächst nach viel Mühe aus. Aber wenn allmählich der Spaß und das Vertrauen der Kinder zunehmen, wenn der Elternabend plötzlich so aussieht, dass die Eltern gerne kommen und ihre Hilfe anbieten, hat es sich gelohnt. Voraussetzung ist, dass Sie die Herausforderung annehmen.

»Das ist mir viel zu viel Arbeit, das kann ich gar nicht alles allein schaffen.«

Niemand sagt, dass Sie irgendetwas alleine schaffen sollen. Holen Sie sich Hilfe, wo immer sie sich anbietet. Veronika Lindmayer, Leiterin der katholischen Kindertagesstätte in Laudenbach, kann inzwischen auf eine ganze Reihe freundlicher Helfer rechnen. Da gibt es die Kunstpädagogin, die den Kindern tolle Angebote macht und im Gegenzug einen Raum für ihre eigene kleine Malschule nutzen darf. Ein Liedermacher kommt regelmäßig in den Kindergarten und singt und spielt mit den Kindern. Viele Ideen für seine Lieder sind aus dieser Zusammenarbeit entstanden und teilweise haben die Kinder auch schon an einer CD mitgewirkt. Immer wenn etwas kaputtgeht, wird der Bastelopa angerufen. Das ist ein alter Herr mit kleiner Werkstatt, der sich freut, dass er für die Einrichtung von Nutzen ist. Er repariert Spielzeug, macht Einbauten und stellt Mobiles her, die so ganz nebenbei auch ein bisschen die Kindergartenkasse auffrischen.

Andere Kooperationen lassen sich denken: Erzählomis, die den ruhenden Pol in der Einrichtung bilden, oder andere Menschen aus dem Umfeld, die Ausflüge begleiten, ehemalige Handwerker, die Werkstattangebote machen, Köchinnen für besondere Gelegenheiten oder Kuchenbäcker, die ab und zu mit einem leckeren Werk erscheinen. Schauen Sie sich um, auch in Ihrer Nähe gibt es Menschen, die sich gerne beteiligen.

Am Anfang (mittendrin und auch am Ende): Die Beobachtung

Daniela Kobelt Neuhaus

Obacht! Falle!

Stolpersteine beim Beobachten

Wer beobachtet, ist vor Wahrnehmungsverzerrungen und falschen Schlussfolgerungen nicht gefeit. Ein ganzes Bündel von Beobachtungsfallen steht auch gut meinenden Erzieherinnen offen. Um das Hineintappen zu vermeiden, gibt es zum Glück auch Abhilfe.

Unter Beobachten verstehe ich das *absichtliche* genaue Hinschauen und Hinhören. Um Menschen, Tiere, Ereignisse, Situationen, Dinge usw. bewusst wahrzunehmen, richten wir unsere Aufmerksamkeit gezielt darauf und ignorieren gleichzeitig, was nicht zum Beobachtungsgegenstand gemacht werden soll.

Tun wir das nicht, nehmen wir zwar ebenfalls wahr (wahrnehmen im Sinne von »etwas als existent betrachten«), jedoch bruchstückhaft und schwerpunktmäßig jene Regungen, die »uns ins Auge fallen«, weil sie (überraschende) Veränderungen in der Umgebung oder bei uns selber beinhalten. Meist schauen wir erst genau hin, wenn so ein Auslöser uns »wachgerüttelt« hat. Ab da fängt die eigentliche Beobachtung an. Was vor den Aufmerksamkeitsauslösern war, weiß man selten, denn da war ja nichts, was aus dem Rahmen fiel. Dennoch sind sich manche ErzieherInnen erstaunlich sicher darüber, was vor dem Aufmerken geschehen sein muss, wer an den Aufmerksamkeit erregenden Geschehnissen beteiligt war und dass es nur so gewesen sein kann: Zum Beispiel scheint es klar zu sein, dass Ute schon wieder wegen Max am Heulen ist, diese Heulsuse. Bestimmt hat er sie im Vorbeilaufen wieder am Zopf gezogen. »Max, komm mal her!«

Zehn Beobachtungsfallen

Sicher beruhen solche gefühlsmäßigen und gedanklichen »Ergänzungsleistungen« in der Wahrnehmung von Situationen zum Teil auf dem reichen Erfahrungsschatz der pädagogischen Fachkräfte mit »ihren« Kindern. Erzählungen und Klagen der Kinder machen jedoch deutlich, dass sich ErzieherInnen auch irren und zum Beispiel mit den Unschuldigen schimpfen oder die Schuldigen trösten, weil sie *falsche Schlüsse aus unvollständigen Informationen* abgeleitet haben.

Alleine in der kurzen Geschichte von Ute finden wir schon mindestens fünf Beobachtungsfallen versteckt.

1. **Der Drang zur Vollständigkeit**
   Es kann nicht sein, dass Ute einfach nur so weint. Da muss doch irgendwo ein Auslöser gewesen sein! Unser Gehirn hat die Tendenz, Unvollständiges zu ergänzen (vergleiche den Druckfehler, den man auch beim dritten Durchlesen nicht sieht, oder das Kanizsa-Dreieck, welches wir sehen, obwohl es nicht da ist) nicht nur bei Schriftstücken, sondern auch bei Handlungssequenzen. Leider ist auf den Realitätsgehalt der Ergänzungsleistung kein Verlass.

2. **Vorerfahrungen (Vorurteile)**
   Ute heult »schon wieder«. Anscheinend tut sie das öfter wegen Max, jedenfalls so häufig, dass die Erzieherin Max gleich in Verdacht hat, ohne ihn wirklich gesehen zu haben. Durch ihren Ausruf »Max, komm mal her« hat sie Max als Schuldigen benannt, obwohl er es nicht gewesen sein kann – diesmal war Max nämlich in der Nachbargruppe.

3. **Der Blick auf das Besondere oder Defizitorientierung**
   Ute ist ein Kind, das besonders häufig Trost, Hilfestellung und Unterstützung von der Erzieherin braucht. Ohne dass die Erzieherin sich dessen bewusst ist, beachtet sie Ute kaum, außer »die heult schon wieder«. Will Ute beachtet werden, muss sie also heulen. Müsste die Erzieherin über Ute etwas erzählen, würde ihr nur einfallen, dass Ute eine Heulsuse ist, besonders nah ans Wasser gebaut hat … Dass Ute die meiste Zeit ganz versunken spielt, lange und lustige Monologe mit den Puppen hält und ausgerechnet mit Max eine wortlose »Augensprache« entwickelt hat, entgeht der Erzieherin. Sie sieht auch nicht, wie geschickt Ute auf dem Klettergerüst balanciert und dass sie gar nicht weint, wenn sie runterfällt.

4. **Generalisierung von einzelnen Merkmalen**
   Es ist häufig, dass Menschen aufgrund einiger oft vorkommender Verhaltensmerkmale eine Zuschreibung bekommen. So ist aus Ute »die Heulsuse« geworden. Ute wäre gar nicht mehr Ute, wenn sie nicht mehr heulen würde. Wenn die Erzieherin diese Festschreibung von Ute als Heulsuse nicht mehr überprüft, dann ist sie aus der Beobachtungsfalle in eine *Deutungsfalle* gestolpert und hat Ute *stigmatisiert.*

5. **Fokussierung der Aufmerksamkeit**
   Ute hat immerhin das Glück, von der Erzieherin wahrgenommen zu werden, obwohl der Anlass sicher kein angenehmer ist. Durch die Konzentration der Erzieherin auf bestimmte »auffällige« Kinder und deren Verhaltensweisen in bestimmten Situationen entgehen ihr viele andere Kinder und Situationen. Ihr entgeht auch das Schöne oder das Selbstverständliche.

Gezieltes Beobachten geschieht meistens aus einem bestimmten Anlass

Veränderungen und Entwicklungen von kindlichen Fähigkeiten und Fertigkeiten sollen festgestellt werden. Aufgrund des beobachteten Spielverhaltens der Kinder werden Material- und Raumangebote erweitert oder verändert. Aktuelle Interessen und Bedürfnisse der Kinder sollen erkannt werden. Oder es wird mittels Beobachtung überprüft, ob pädagogische Angebote die Kinder erreichen und von ihnen angenommen werden. Ein weiteres, häufig genanntes Motiv für Beobachtung ist die Vorbereitung auf Elterngespräche. Elterngespräche sind manchmal mit »Bauchschmerzen« verbunden, besonders dann, wenn den Eltern nicht nur Positives über den Sprössling erzählt werden soll. Es ist sicherlich hilfreich, durch genaue Schilderungen von Situationen, in denen das in den Augen der Erzieherin nicht gewünschte Verhalten eine Rolle spielt, den *vorherrschenden Eindruck* vom Kind zu untermauern. Die Situationsbeschreibung aufgrund mehrerer Beobachtungen schützt meist davor, einen weit verbreiteten Beobachtungsfehler zu begehen, nämlich die

6. **ungenaue Beschreibung des Gesehenen und Gehörten.**
   Keine Mutter und kein Vater könnten etwas damit anfangen, wenn ihnen über das »aggressive Verhalten« ihres Kindes berichtet würde. Hinter dem Begriff »aggressives Verhalten« verbergen sich so viele Verhaltensweisen vom gesunden Durchsetzungsvermögen bis zum körperlichen Gewaltakt gegenüber anderen Kindern oder Erwachsenen, dass eine genaue Umschreibung der Verhaltensweisen dringend geboten ist. Schlagworte verschleiern oft mehr, als sie enthüllen. Die Situationsbeobachtung im Hinblick auf ein Elterngespräch schützt aber nicht vor einseitiger Beobachtung; im Gegenteil, sie programmiert sozusagen den siebten Beobachtungsfehler ein:

7. **Nur das sehen, was man sehen will.**
   Unter dem vorherrschenden Eindruck vom Kind nur die »auffälligen« Situationen zu beobachten ist geradezu verhängnisvoll. Im verständlichen Bemühen, den Eltern oder Erziehungsberechtigten etwas »beweisen« zu können, verschwenden manche ErzieherInnen viel Zeit und Energie darauf, eben jenes »störende Verhalten« zu fokussieren. Die selektive Wahrnehmung bestimmter Verhaltensweisen verhindert, dass andere, vielleicht positive Verhaltensweisen wahrgenommen werden. Im glücklichsten Fall kann dabei herauskommen, dass das Schlagen oder an Zöpfen ziehen von Max weit weniger häufig ist, als die Erzieherin angenommen hat. Aber was tut Max sonst? Im schlimmsten Fall festigt sich durch die selektive Beobachtung ausgerechnet das unerwünschte Verhalten. Ein Kind merkt, dass die Bezugsperson immer dann besonders aufmerksam wird, wenn es bestimmte Verhaltensweisen zeigt. Kinder wollen Aufmerksamkeit, zur Not auch negative. Je öfter ein Kind das Aufmerksamkeit erregende Verhalten zeigt, desto sicherer ist es sich der »Zuwendung« der Erzieherin oder des Erziehers. Das heißt natürlich nicht, dass ErzieherInnen gerade da nicht hinschauen sollen, wo's brennt. Nein, aber sie sollen *nicht nur* da hinschauen, wo's brennt.

8. **Die eigene Norm zum Maßstab nehmen**
   Im Gruppengeschehen gibt es fast keine »neutralen« Situationen. Egal was Kinder tun, wir Erwachsenen versehen es immer mit einer Bewertung, die eng mit der eigenen Biographie zusammenhängt. Zum Beispiel freut sich eine Erzieherin über das Kind, das jeden Morgen brav am Tischchen malt und so toll gelernt hat, sich alleine zu konzentrieren und ausdauernd zu beschäftigen. Max hingegen belästigt die anderen, weil er immer im Mittelpunkt stehen möchte. Und laute Kinder schreien lieber (selbst), als dass sie hören (gehorchen). Die persönliche *Bewertung* eines anderen Menschen hängt eng zusammen mit der so genannten *silent communication*, der heimlichen Übereinstimmung mit einem Menschen. Ob die »Chemie« zwischen zwei Menschen »stimmt« oder nicht, ist im Gegensatz zur Vorurteilsbildung unabhängig von konkreten Erlebnissen mit diesem oder anderen Menschen. Unerklärliche (?) in der eigenen Biographie begründete Zu- oder Abneigung lässt uns bei der Betrachtung von anderen Menschen jeweils eine bestimmte Brille aufsetzen. Gleiches Verhalten von zwei verschiedenen Menschen kann durch zwei verschiedene Filter eine völlig andere Bewertung erfahren, oder an zwei verschiedene Ereignisse wird die gleiche (moralische) Messlatte angelegt – beides ergibt verzerrte Bilder. Nicht nur persönliche Zu- und Abneigung beeinflussen tatsächlich beobachtete Fakten. Auch persönliche Erfahrungen, Mitteilungen anderer Personen, Verhaltenserwartungen oder die momentane emotionale Gestimmtheit der Beobachterin oder des Beobachters führen oft zu irreführenden

9. **Interpretationen**
   Sie sollen Beobachtetes erklären und vorläufig handlungsweisende Antworten geben auf die Frage »Warum?«. Interpretationen sind von vornherein subjektiv. Sie können nur aus dem eigenen Wissens- und Könnens-Fundus geschöpft werden. Wovon ich nichts weiß, dazu fällt mir nichts ein. Solange Interpretationen als solche gekennzeichnet sind und nicht als »der Weisen letzter Schluss« betrachtet werden, sind sie weder überflüssig noch abzulehnen, im Gegenteil, Interpretationen im Sinne von Deutungsversuchen führen zu neuen Fragestellungen und Hypothesen, die zu untersuchen sind. Wenn es zur Gewohnheit wird, Interpretationen als Zwischenschritte für neue Ausgangspunkte zu nutzen, verringert sich die Gefahr, dass unsere Augen mehr sehen, als Kinder zeigen, oder dass unsere eigene Unbeweglichkeit die Kinder festzulegen versucht im Sinn von

10. **Einmal böse, immer böse.**
    Kinder verändern und entwickeln sich stetig. Um ihnen gerecht zu werden, kann die Beobachtungsarbeit nie abgeschlossen werden.

Fallen vermeiden – im Dreierschritt

Die etwas künstlich anmutende Trennung von drei Schritten auf dem Weg zu momentan gültigen Beobachtungserkenntnissen ist nach ein bisschen Übung in der Praxis nicht mehr schwierig. Es empfiehlt sich, den Dreierschritt der Beobachtung nicht ganz alleine zu üben, sondern – zwecks Korrektiv – mindestens zu zweit:

1. *Gezieltes Wahrnehmen* heißt, sich zunächst auf Augen und Ohren verlassen, wenn ein Kind, eine Kindergruppe oder eine Situation beobachtet werden soll. Die erste Frage muss lauten: *Was habe ich gesehen und gehört?* Kein anderer kann für mich das Hinschauen übernehmen. Wenn du und ich Verschiedenes wahrnehmen, ist das normal und bedeutet, dass du und ich darüber diskutieren sollten, nochmals hinsehen müssen …
   Beobachtungsraster und standardisierte Entwicklungsdiagnoseverfahren sind im besten Falle eine Ergänzung zum selber Beobachten oder ein Hilfsmittel, um Entwicklungsdefizite zu erkennen. Sie verstellen leicht den Blick auf das, was es zu sehen gibt, weil sie schon einen Zusammenhang herstellen oder eine bestimmte Absicht verbergen. Sie verführen dazu, nach dem zu suchen, was da aufgelistet ist, und außer Acht zu lassen, was wirklich da ist.

2. *Fühlen* beinhaltet, sich über emotionale Regungen, die beim Beobachten verspürt wurden, bewusst zu werden. Die Frage dazu lautet: *Was habe ich gefühlt, wie ich das gesehen/gehört habe?* Gefühle können Ausdruck von persönlichen Voreingenommenheiten sein, daher müssen sie genauso wie Gesehenes oder Gehörtes mit denen anderer Beobachter verglichen werden.
   Eigene Gefühle des Beobachtenden im Beobachtungsprozess weisen auch auf mögliche Gefühle des oder der Beobachteten hin. Ohne dass wir es wollen, entsteht zwischen dem Beobachter und dem Beobachteten ein Gefühlstransfer. Wird beispielsweise der Ausbruch eines »Zorngiggels« betrachtet, kann sich beim Zuschauen Wut über dieses ausufernde Geschöpf breit machen. Thema des Gefühlstransfers ist »Wut«. Vermutlich ist Wut auch beim stampfenden und um sich schlagenden Beobachteten im Spiel, entweder als Auslöser für das Verhalten oder als Faktor, welcher die Verhaltensweisen im Gange hält.

3. *Denken:* Beobachtetes und eigene Gefühle beim Beobachten zusammen analysiert, führen zu einer ersten Deutung (Interpretation) der Situation bzw. des Verhaltens. Die Frage lautet: *Was fällt mir dazu ein? Was vermute ich?*
   Und weil die Antwort darauf erst eine Vermutung ist, wird sich gleich die nächste Frage anschließen: *Was muss ich noch wissen, um mehr darüber sagen zu können?*
   Mit der neuen Frage beginnen wir wieder bei Schritt 1.

Dorothee Kreling/Maria Jörges/Kirsten Spuida

Beobachten in der Eingewöhnungszeit

»Beobachten gehört dazu, das ist doch klar!«, sagte mir einmal eine Kollegin. Wer würde sich dieser Aussage nicht anschließen wollen? Beobachtung ist die Grundlage für Verständnis für das Kind und seine Situation und für das angemessene Verhalten ihm gegenüber. Am Beispiel eines neunjährigen Jungen aus Osteuropa soll im Folgenden aufgezeigt werden, wie eine sorgfältige Beobachtung den Eingewöhnungsprozess begleitet. Dabei wird deutlich, dass ein weniger genaues Hinschauen eine Reihe von Fehlentwicklungen ermöglicht hätte.

Rui – eines der neuen Kinder im Hort

Vor einigen Tagen kamen unsere acht »Neuen«: fünf Mädchen und drei Jungen zwischen sechs und neun Jahren. Bis auf einen Jungen waren alle Erstklässler. Rui, neun Jahre alt, ging bereits in die zweite Klasse. Wenn neue Kinder zu uns in die Einrichtung kommen, teilen wir Erzieherinnen sie sozusagen unter uns auf im Sinne von »Ich achte besonders auf Kind XY in den ersten Tagen«. Unser Hort-Gebäude reicht über drei Etagen und wir arbeiten im offenen System. Das heißt, die vierzig Kinder sind nur für die Hausaufgabenzeit in zwei festen Gruppen, ansonsten entscheiden sie selbstständig, wo, mit wem und was sie tun möchten. Nach der Aufteilung war ich also für Rui zuständig und versuchte, zu ihm Kontakt aufzunehmen. Auf meine Begrüßungen antwortete er nur mit Blicken. Er sprach generell kaum mit mir und ich sah ihn nie im Spiel mit anderen Kindern. Meine Versuche, selbst mit ihm zu spielen oder ihn in das Spiel mit anderen zu integrieren, schlugen fehl.

Ich erinnerte mich an das Anmeldungsgespräch mit Ruis Eltern. Beide, Mutter und Vater, waren erschienen, um mit der Leiterin und mir die Einrichtung anzusehen und alles Notwendige zu besprechen. Die Eltern stammten aus Osteuropa und waren vor einem Jahr nach Deutschland umgesiedelt. Verständigungsprobleme hatte es keine gegeben; der Vater sprach fließend, die Mutter gebrochen Deutsch. Sie berichteten, dass sie ihren Sohn nun von Osteuropa zu sich nach Deutschland holen könnten. So bräuchten sie nun einen Betreuungsplatz für ihn, da beide ganztags berufstätig waren. Rui hatte die letzte Zeit, in der sie beide bereits in Deutschland wohnten, bei seiner Oma gelebt. Er könne aber sowohl Deutsch verstehen wie auch sprechen. Ich nahm mir vor, im nächsten Team-Gespräch den Kolleginnen meine Beobachtungen zu schildern und mich mit ihnen über Rui auszutauschen. Wir wollten ohnehin die Situation der Neuen in der Großgruppe besprechen.

Da ich an der Reihe war, Protokoll zu schreiben, fertigte ich gleich noch ein Blatt für die Notizen zur Fallbesprechung an. Nachdem ich dem Team meine Beobachtungen und Erfahrungen mit Rui mitgeteilt hatte, berichteten meine Kolleginnen ihrerseits. Wir sammelten alle Eindrücke und es zeichnete sich folgendes erstes Bild von Rui und seiner Situation:

Rui wurde vielfach als allein herumstehend wahrgenommen. Er beobachtete mit »wachen Augen« seine Umgebung, erschien interessiert an dem Drumherum, ging zu für ihn interessanten Orten und nahm beobachtend am Geschehen teil. Begrüßungen wurden verbal kaum erwidert, er schaute lediglich kurz auf und die begrüßende Erzieherin an. An seinem Verhalten war ablesbar, dass er alles verstand, was gesagt wurde. Rui hatte keine Kontakte zu anderen Kindern. Die Erzieherin, die die erste Zeit die Hausaufgabenbetreuung übernommen hatte, konnte einige kurze Gespräche mit dem Jungen führen, die von ihm selbst initiiert worden waren. Eine andere Kollegin berichtete, dass Rui stets dieselben Klamotten trug und ab und zu nach Urin roch. Reaktionen anderer Kinder auf seinen Geruch hin hatte sie nicht beobachtet, sodass sie bislang nicht eingegriffen hatte.

»Beobachten? Das tun wir doch sowieso andauernd.«

Das ist genau das Problem. Beobachtet wird permanent, nur heißt das keineswegs, dass Beobachtung als pädagogisches Handwerkszeug ernst genommen wird. »Aber beim Beobachten tue ich doch gar nichts!« Sie tun etwas: Sie nehmen Anteil an dem, was in der Gruppe geschieht. Deshalb heißt diese Form der Beobachtung auch »teilnehmende Beobachtung«. Ob das Außenstehenden gefällt oder nicht, ob Sie damit Vorurteile bestärken oder nicht, sollte Ihnen völlig gleichgültig sein. Sie beobachten um der Kinder willen.

Bevor wir uns Rui und seiner Situation zuwandten, hatten wir bereits über die Kindergruppe als Ganzes gesprochen. Die anderen sieben neuen Kinder hatten inzwischen allesamt Spielgefährten gefunden. Meistens waren die Kontakte über ihre Interessen (Malen, Bücher, Puppen, Quartett-Spiele …) zustande gekommen. Im gemeinsamen Spiel mit älteren Hort-Kindern waren die Regeln unserer Gemeinschaft schnell verinnerlicht worden. Eltern hatten uns rückgemeldet, dass ihre Kinder gerne in den Hort kämen. So schien die Eingewöhnungsphase allgemein gut gelungen zu sein. Das Wetter war zurzeit sehr schön, sodass sich die meisten Kinder die überwiegende Zeit draußen auf dem großen Außengelände (Hof, Bolzplatz, Wildnis, Wiese mit Spielgeräten, Kletterbäume) aufhielten und ihren Tag größtenteils selbstständig gestalteten. Rui war noch nie draußen mit einem anderen Kind gesehen worden.

Was sollte nun weiter geschehen? Wir entschieden, in den nächsten zwei Wochen alle auf Rui zu achten, um möglichst viele Informationen zu erhalten. Sprachliche

Schwierigkeiten hatte der Junge keine, das konnte uns die Kollegin im Hausaufgabenraum bestätigen. Auch bestanden keine Anzeichen dafür, dass er sich langweilte oder desinteressiert war an seinem Umfeld. Sein kurzes Aufsehen nach einer Begrüßung signalisierte uns, dass er sich als wahrgenommen empfand. Vielleicht brauchte er einfach noch mehr Zeit, um sich im neuen Land, der neuen Wohnumgebung, Schule und Hort einzugewöhnen. So beschlossen wir im Team, beobachtend abzuwarten.

Erzieherinnen/Erzieher haben die Möglichkeit, Kinder über mehrere Stunden am Tag einige Jahre lang zu beobachten. Schwierig ist meist, dass es viele Kinder – Einzelne oder in Gruppen – bei diversen Tätigkeiten in unterschiedlichen Situationen sind. Die »Kunst« besteht darin, eine Auswahl zu treffen, das heißt Ziele festzulegen: Wen will ich, warum, in welchem Kontext wahrnehmen? In unserem Beispiel war es Elkes Aufgabe, Rui unter dem Gesichtspunkt der Eingewöhnung in den ersten Tagen seines Hort-Besuches zu beobachten und Kontakt zu ihm aufzunehmen.

Montagmorgen, 9.00 Uhr, Team-Sitzung im Hort: Der Ordner mit den gesammelten Themen lag auf dem Tisch. Gemeinsam legten wir Erzieherinnen die Reihenfolge der zu besprechenden Punkte fest. Unter anderem ging es heute um ein mögliches Gruppenthema und wieder um Rui. Wir begannen mit der Situation in der Gesamtgruppe.

Kontakt über ein Spielthema

Bereits vor den Herbstferien hatten sich einzelne Kinder wieder einmal vermehrt mit Dinosauriern beschäftigt. Inzwischen waren im Fernsehen ein Zeichentrickfilm und Sachsendungen zu den Urzeit-Riesen gelaufen, die einige Hort-Kinder gesehen und anderen davon berichtet hatten. Immer wieder wurden wir Erzieherinnen zu den Dinosauriern befragt. Wo lebten sie? Was aßen diese Tiere? Warum gab es sie nicht mehr? Oft hörten wir, wie sich Kinder über Dino-Themen unterhielten und miteinander fachsimpelten. Große Blätter wurden benötigt, um die riesigen Tiere malen zu können, und die »Wildnis« wurde zum beliebtesten Spielort auf dem Außengelände, denn dort war die Welt noch so richtig urwüchsig. Längst hatten wir Erzieherinnen – selbst neugierig geworden – begonnen, uns kundig zu machen. Indem wir gemeinsam die Thematik genauer besahen, stellten wir fest, wie viel darin steckte.

Wir erinnerten uns an Fragen der Kinder, wie beispielsweise »Woher kamen die Tiere, wo sind sie hingegangen?«, bei deren Bearbeitung wir uns indirekt auch mit unserem menschlichen Kommen und Gehen beschäftigten. Schließlich gab es auch uns Menschen irgendwann einmal noch nicht. Wir beschlossen, mit den Kindern in der nächsten Ki-Ko (= Kinderkonferenz) zu beratschlagen, ob wir uns länger und ausführlicher mit den Dinosauriern beschäftigen wollten.

Meine Kollegin fasste für uns erinnernd anhand des Protokolls die Situation Ruis nach den ersten Tagen im Hort zusammen. Daraufhin berichtete jede von ihren aktuellen Erfahrungen und Wahrnehmungen. Das Ergebnis des Zusammentragens war Folgendes:

Rui hatte inzwischen guten Kontakt zu der Kollegin aus der ersten Hausaufgabengruppe entwickelt und erste Annäherungsversuche gegenüber der Leiterin gewagt. Er zeigte beispielsweise der einen Erzieherin seine mitgebrachten Spielzeug-Dinosaurier und erzählte ihr unaufgefordert, was er alles von den Tieren wusste. Der Kontakt zur Leiterin bestand hauptsächlich in einem Begrüßungsritual. Rui kam täglich zuerst ins Büro, um sich begrüßen zu lassen. War die Leiterin nicht dort, suchte er sie im Haus, bis er ein Hallo von ihr erhielt.

Rui hatte sich eines Tages mit seinen Dinos in den Lego-Raum unterm Dach zurückgezogen. Er war ganz allein und spielte versunken mit Lego und den Tieren. Nach der Bauphase wurde sein Spiel laut, denn die Urzeit-Tiere schrien nun einmal. Andere Kinder rannten an die Tür, um nachzusehen, was sich im Lego-Raum ereignete. Ohne besondere Reaktionen zogen sie schließlich wieder ab. Ein kleiner Junge blieb im Türrahmen stehen und schaute weiterhin interessiert zu. Das war der Beginn einer Spielgemeinschaft. Die beiden Buben waren nun öfter zusammen im Lego-Raum zu finden. Rui wusste sehr viel über Dinosaurier und genoss die Bewunderung, die ihm von dem Jüngeren entgegengebracht wurde. Über diesen Kontakt hinaus hatte Rui bislang keine weiteren Spielgefährten gefunden. Die Angebote vonseiten der Erzieherinnen, mit ihm zu spielen oder ihn in ein Spiel mit anderen Kindern zu integrieren, hatte Rui nicht angenommen. Er stand nach wie vor lediglich dabei und sah interessiert zu. Nach draußen aufs Außengelände zog es ihn nicht.

Einmal hatte ein Kind auf Ruis zeitweiligen Geruch reagiert und laut zu ihm gesagt, dass er stinke. Daraufhin hatte eine Erzieherin Rui zur Seite genommen und ihm Wechselkleidung aus dem Hort-Fundus angeboten. Schüchtern war der Junge mit ihr gegangen und hatte sich umgezogen. Seine Kleidung hatten beide zum Trocknen aufgehängt. Kein Kind reagierte auf Ruis neues Erscheinungsbild. Kurz vor Hort-Schluss kam der Junge zur Erzieherin und erinnerte sie an seine Sachen. Ab und an kam es vor, dass Kinder Wechselkleidung benötigten. Sie gingen dann meistens in den Hort-Sachen nach Hause und packten ihre dreckige Kleidung vor dem Heimweg in eine Tüte oder vergaßen sie gar in der Einrichtung. Nicht so Rui; er vergaß nie, sich umzuziehen. Als Rui einmal angeboten bekam, er könne in der ausgeliehenen Kleidung nach Hause gehen, lehnte er mit ängstlichem Blick ab.

Die beiden Erzieherinnen, die sich in Ruis Gruppe die Hausaufgabenbetreuung teilten, berichteten, dass der Junge ab und zu Hilfe brauchte, aber insgesamt seine Arbeiten zuverlässig ausführte und selbstständig arbeitete.

Mehrmals hatten einzelne Erzieherinnen die Abholsituation Ruis beobachten können. In der Regel ging Rui zu Hort-Ende an die fünfzig Meter oberhalb der Einrichtung gelegene Straße, wo er auf seinen Vater wartete. Dieser blieb mit seinem Auto mitten auf der Fahrbahn stehen, um Rui hineinspringen zu lassen. Die sich hupend beschwerenden Autofahrer hinter ihm beschimpfte der Vater lautstark. Stand

Rui nicht am Straßenrand parat, so musste der Vater sich einen Parkplatz suchen und selbst auf den Weg zum Hort begeben. Traf er Rui mit einer Erzieherin, die ebenfalls gerade am Gehen war, so grüßte er freundlich und zeigte sich sehr interessiert an dem, was sich an diesem Tag ereignet hatte. War Rui allein auf dem Weg nach oben, so wurde er mit Vorwürfen »begrüßt«, warum er nicht bereits warte.

Für die nächste Zeit beschlossen wir, Rui weiter ins Spiel mit anderen hineinzunehmen. Diese Bemühungen sollten nicht abbrechen oder weniger werden. Rui hatte beispielsweise bei den beiden Erzieherinnen und dem jüngeren Bub gezeigt, dass er Angebote durchaus annahm, wenn es für ihn passend schien. Er sollte einerseits nicht gedrängt werden, andererseits aber spüren, dass er gerne mitspielen könnte.

Aufgrund der Beobachtungen der Abholsituation und Ruis ängstlicher Ablehnung des Angebotes, in Hort-Kleidung nach Hause zu gehen, beschlossen wir, ihm die Einrichtung als eine Art Schon- und Schutzraum anzubieten. Rui sollte sich sicher und aufgehoben fühlen können. Das beinhaltete für uns Erzieherinnen, dass wir ihm halfen, vor dem Nach-Hause-Gehen an seine Sachen zu denken, ihn nach Möglichkeit frühzeitig ans Hochgehen zur Straße zu erinnern oder aber gar gemeinsam mit ihm zu gehen.

Über das Thema Dinosaurier hofften wir, Rui in der nächsten Zeit animieren zu können, an Gruppenaktivitäten teilzunehmen. Sein kleiner Freund konnte ihm da vielleicht helfend beistehen. Da Rui viel über Dinosaurier wusste, könnte er für manch anderes Kind eventuell interessant werden und so neue Spielpartner finden.

Blick auf die Eltern

Im Hort ist es oftmals schwer, die Eltern der Kinder regelmäßig zu sehen und zu sprechen. Meist trifft man sich bei Festen, Elternabenden und einmal jährlich bei den Eltern-Gesprächs-Wochen. Im Advent hatten wir einen gemütlichen Abend geplant. Da Ruis Eltern nicht zum ersten Elternabend gekommen waren, hofften wir, sie dort in zwangloser Runde ein wenig besser kennen lernen zu können. Rui sollte deshalb auch im Besonderen noch einmal daran erinnert werden, die selbst gestaltete Einladung zu Hause abzugeben.

Das Protokoll der ersten Austauschrunde über Rui dient als Einstieg in die zweite. Die zurückliegende Situation wird ins Gedächtnis gerufen. Nun werden die Beobachtungen revidiert und/oder komplettiert, das heißt, die Sammlung von Informationen wird erweitert, die unterschiedlichen Wahrnehmungen verschiedener Personen werden miteinander verglichen. Das beinhaltet nicht nur die Reflexion über einzelne Kinder oder Situationen, sondern schließt das Feedback an Kolleginnen/Kollegen zu ihren Beobachtungen, Sicht- und Umgangsweisen mit ein. Das Team ist somit ein Ort, an dem über Stärken und Schwächen – die eigenen sowie die der anderen – gesprochen werden kann. In einer Arbeitsgemeinschaft, die sich aus engagierten und aufgeschlossenen Personen zusammensetzt, können durch Beobachtung und Kommunikation Störungen im Umgang mit Kindern oder innerhalb des Teams frühzeitig vermieden werden. Erzieherinnen/Erzieher, die sich ihrer (Un-)Fähigkeiten bewusst sind und sie annehmen können, sind dazu fähig, Kindern respektierend, an- und ernst nehmend zu begegnen.

Die Beobachtung eines Kindes bedeutet immer auch Erkundung des Lebenszusammenhangs. Die Wahrnehmungen sind in Bezug zur Gesamtsituation des Kindes zu setzen. In unserem Beispiel fließen Beobachtungen von Ruis Vater in die pädagogische Diskussion mit ein. Der Lebenskontext eines Menschen besteht nicht nur aus dem unmittelbaren Lebensumfeld. Wichtige Informationen lassen sich oft auch in anderen Bereichen des Bezugssystems finden. Besondere Bedeutung haben Kontakte zu Familie und prägenden Instanzen, wie bei Hort-Kindern zum Beispiel in der Schule.

In unserem Beispiel wird der vage Verdacht geäußert, dass Rui Angst haben könnte vor Reaktionen der Eltern, vielleicht im Besonderen des Vaters. Vermutungen/Hypothesen sind gedeutete Beobachtungen, das heißt, sie beruhen auf individueller Wahrnehmung und Kategorisierung. Sie sind notwendig als Basis zur Entwicklung von Handlungskonzepten, müssen aber stets neu hinterfragt werden. Oft passt alles »ganz wunderbar« zusammen, fügt sich die eine Beobachtung nahtlos an die vorangegangene, werden Situationen ein-deutig. Pädagogische Kompetenz drückt sich in dem Bewusstsein aus, dass es zwei Hürden bei der Beobachtung zu überwinden gibt:

- wahrzunehmen, das heißt, Realität zu erkennen,
- Botschaften richtig zu entschlüsseln.

Einige Wochen waren vergangen. Es war Januar geworden. Ich war wieder an der Reihe, Protokoll zu schreiben, und ordnete die Unterlagen für die Dienstbesprechung. Auf der Tagesordnung standen unter anderem Reflexion des Gruppenthemas »Dinosaurier« und erneut Rui und seine Situation.

Nachdem ich mir und meinen Kolleginnen die Aufzeichnungen der letzten beiden Besprechungen ins Gedächtnis gerufen hatte, sammelten wir weitere Beobachtungen und Erfahrungen.

Ruis Mutter war zum Adventsnachmittag gekommen und zwei Erzieherinnen hatten die Chance, mit ihr ins Gespräch zu kommen. Unsere Leiterin hatte sie kommen sehen und war auf sie zugegangen, um sie persönlich zu begrüßen. Die Frau schien froh über die Ansprache und freute sich, als sie hörte, dass ihr Kind gern gesehen war. Rui kam zu den beiden Frauen hinzu und die Leiterin ermunterte ihn, seiner Mutter den Lego-Raum zu zeigen.

»Die Kollegin zieht nicht mit« oder Was hat Gemüsesuppe mit Situationsansatz zu tun?

Nichts und alles. Es sind eben nicht vorrangig die tollen Projekte, die die Arbeit nach dem Situationsansatz kennzeichnen. Dazu erzählt Anke Kadel, Studierende in einer berufsbegleitenden Ausbildung folgende Geschichte: »Meine Kollegin zieht nicht so mit. Zum Beispiel, dass die Kinder mehr beteiligt werden sollen. Sie kann sich das gar nicht vorstellen. Neulich haben die Kinder sich gewünscht, dass wir zusammen Gemüsesuppe kochen. Die Kollegin hat sofort angefangen, einen Einkaufszettel zu schreiben. Ich habe sie gebremst und die Liste dann mit den Kindern gemeinsam zusammengestellt. Die Kollegin meinte dann, dass noch unbedingt Sellerie in eine Gemüsesuppe gehört. Aber die Kinder mochten das nicht und ich habe ihr gesagt, dass dann eben kein Sellerie eingekauft wird. Wir sind zusammen mit den Kindern einkaufen gegangen, obwohl die Kollegin meinte, sie könnte das doch schnell auf dem Weg nach Hause machen. Als wir die Zutaten beisammen hatten, haben die Kinder überlegt, was sie nun machen müssen. Gemüse schälen bzw. klein schneiden. Der Kollegin waren die Stücke zu groß, die die Kinder geschnitten hatten. Ich musste sie wieder bremsen, dass sie nicht nachgeschnibbelt hat. Dann haben wir die Suppe gekocht – ohne Sellerie. Sie hat allen hervorragend geschmeckt. Und ganz am Ende sagte die Kollegin: »Ich glaube, ich habe jetzt verstanden, was du mit dem Situationsansatz meinst.« In der Folge hat die Kollegin eine Fortbildung zum Thema »Kinderkonferenz« mitgemacht. – Was will ich mehr?

Dieses Beispiel zeigt außerdem sehr schön, dass auch die Kolleginnen eher durch Tun überzeugt werden können.

Als er gerade dabei war, ihr seine Bauwerke vorzuführen, betraten sein kleiner Freund, dessen Mutter und eine Erzieherin den Raum. Miteinander bekannt gemacht, tauschten sich die Mütter über die Aktivitäten ihrer Söhne aus. Später sah man sie erzählend zusammensitzen bei Glühwein und Plätzchen, während die Jungen irgendwo zusammen spielten.

Eines Tages waren Rui und sein Freund in der Malecke »gesichtet« worden. Das Dino-Lexikon mit vielen bunten Abbildungen hatte aufgeschlagen vor ihnen gelegen. Beide bemühten sich, die großen Tiere abzumalen. Andere Kinder kamen vorbei und schließlich setzten sich zwei Jungen dazu. Auch sie versuchten sich im Malen von Dinosauriern. Rui malte ausgesprochen getreu ab und wurde dafür von seinen drei Tischgenossen bewundert.

Darüber fand Rui den Weg in die Sofaecke und zu den Auto-Quartett-Spielern. Die neuen Spielgefährten erklärten ihm alles zu den Trucks, Motorrädern und

Sportwagen und er lernte schnell. So hatte Rui innerhalb eines Nachmittags Mal- und Sofaecke »erobert« und zwei neue Freunde gefunden.

In der Kinderkonferenz hatten Kinder und Erzieherinnen beschlossen, das Thema »Dinosaurier« in der nächsten Zeit genauer zu betrachten. Im Rahmen dieses Vorhabens und die aktuelle Malsituation mehrerer Kinder aufgreifend, veranstalteten wir einen Geschichten-Mal- und -Erzähltag. Die oben genannten vier Jungen fanden sich ein und arbeiteten als Kleingruppe an Geschichte und Ausgestaltung. Drei Bilder wurden gemalt und Rui, da er von den vieren am besten malen konnte, war für das Layout verantwortlich. Seine Kameraden berieten ihn und gestalteten das Vorgemalte aus. Dann übten sie, die Geschichte zu erzählen.

Ein anderes Mal arbeiteten wir mit Ton. Rui und andere Mutige versuchten sich darin, die Urtiere und diverse andere Kreaturen zu formen. So entstand eine bunte Ton-Figuren-Ausstellung in der Diele. Mit Holzregalen möbliert, auf denen die Kunstwerke ausgestellt waren, und mit eigens dafür angebrachten Lichtspots angestrahlt, wirkte dieser Bereich wie eine kleine Galerie, sodass von Kindern die Idee geboren wurde, eine Ausstellungseröffnung, »wie es die richtigen Künstler machen«, zu planen. Rui beteiligte sich an der Organisation. Die Kinder besprachen mit uns, was es Leckeres zu essen geben könnte und welches Getränk exklusiv genug wäre. Zwei Kinder bereiteten eine kleine Ansprache vor, wodurch die nicht beteiligten Kinder begrüßt und informiert werden sollten. Kurzum: Es war ein toller Erfolg – nicht zuletzt für Rui.

Ruis Aktionsradius vergrößert sich

An einem sonnigen, kalten Tag verabredeten sich Kinder mit mir nach den Hausaufgaben draußen zum Versteck-Fangen-Spielen. Rui saß wieder einmal in der Diele und ich fragte beiläufig, ob er nicht mit hinausgehen wolle. Er sah mich groß an und schien zu überlegen. Dann nickte er und stand kurz darauf neben mir auf dem Hof. Um ihm den Einstieg zu erleichtern, bot ich ihm an, dass er sich die ersten Male mit mir verstecken könne, worauf er sich einließ. Nach wenigen Spielen hatte Rui die Regeln verinnerlicht und zog eigenständig los. Doch ab und an kam er wieder mit mir mit. Einmal mussten wir in unserem Versteck mucksmäuschenstill sein, da der Fänger ganz nah an uns vorbeilief. Rui erinnerte mich die nächsten Tage immer wieder an dieses gemeinsame Erlebnis.

Eine Kollegin berichtete von Ruis ersten Versuchten seilzuspringen. Auf der Terrasse wurde das große Seil an einem Geländer befestigt und eine Erzieherin oder ein Kind schleuderte es über die wartende Gruppe. Rui stand zuerst beobachtend in sicherer Entfernung. Dann gesellte er sich zu der Erzieherin. Auf ihr Fragen und auffordernde Ermunterungen von Kindern hin traute sich der Junge schließlich, erste Springversuche zu unternehmen. Rui war geschickt und sportlich, sodass er bald Erfolgserlebnisse hatte. Inzwischen war er richtig gut und Seilspringen zu einer seiner liebsten Beschäftigungen geworden.

Ab und zu kam es noch vor, dass Rui sich nachmittags umziehen musste, weil er in die Hose gemacht hatte. Nach wie vor vergaß er nie, abends seine Sachen wieder anzuziehen. Die Häufigkeit des Einnässens hatte nachgelassen.

Ein Gespräch mit Ruis Lehrerin hatte den Eindruck der Erzieherinnen bestätigt. Rui kam im Großen und Ganzen mit, brauchte nur ab und zu Hilfestellung und manchmal einfach ein bisschen persönliche Zuwendung, die ihn motivierte, wieder zu arbeiten.

Eine Kollegin berichtete von einem Erlebnis mit Ruis Vater. Vorangegangen war, dass Rui sich beim Spiel auf dem Hof das Knie aufgeschlagen hatte. Kaltes Wasser, Salbe, Pflaster und etwas Fürsorge trösteten ihn schnell. Als die Kollegin Ruis Vater am nächsten Morgen in der Stadt traf und sich erkundigte, ob der Junge noch über seine Verletzung geklagt habe, antwortete der Mann: »Ach, Rui macht oft ein riesiges Geschrei. Die Nachbarn hätten schon gedacht, der Junge würde zu Hause geschlagen, so führt er sich manchmal auf.« Die Reaktion des Vaters auf die harmlose Nachfrage zur Knieschramme irritierte uns. Warum hatte der Mann derart reagiert? Wir erinnerten uns an die »Begrüßung« des Kindes beim Abholen und die ängstliche Ablehnung des Angebotes, in Heim-Kleidung heimzugehen. Unsere Vermutung, dass Rui eventuell Angst vor Schlägen haben könnte, verfestigte sich. Demnächst war im Rahmen des Gruppenthemas ein Rollenspiel mit Tüchern zum Verkleiden und Höhlenbau geplant. Wir entschieden, den Anfang einer Dino-Familiengeschichte vorzugeben und Rui zu motivieren mitzumachen. Es sollte ein Dino-Kind in der Familie geben, das etwas »ausgefressen« hatte, das nun ans Tageslicht kam. Vielleicht konnten wir etwas Wichtiges erfahren.

Die Eltern-Gesprächs-Wochen standen an und waren vorzubereiten. Einmal jährlich wurden alle Eltern angeschrieben und zu einem persönlichen Gespräch gebeten. Ruis Mutter hatte einen Termin vereinbart. Diese Gelegenheit wollten die beiden zuständigen Erzieherinnen nutzen, um sowohl die enormen Entwicklungen des Kindes aufzuzeigen als auch auf die aufgekommenen Fragen, wie beispielsweise das Einnässen und Ruis Ängstlichkeit, einzugehen.

Die anfänglichen Kontaktschwierigkeiten Ruis zu Erzieherinnen und anderen Kindern waren verschwunden. Er fand nun auch über Interessen und Vorlieben Spielpartner und Freunde. Seine Erfolge schienen ihn zu bestärken, sich an Neues heranzuwagen. Wichtig war für den Jungen die persönliche Zuwendung. Oft traute er sich erst auf konkrete Ansprache etwas zu. Das zeigten die Erlebnisse beim Verstecken-Fangen, Seilhüpfen und auch die Rückmeldung der Lehrerin. Dass wir nicht nachgelassen hatten, Rui immer mal wieder direkt zu fragen, ob er mitspielen wolle, hatte sich als richtig herausgestellt. Die Verknüpfung von Gruppenthema und individuellen Bedürfnissen eines Kindes schien geglückt. Rui war nun echter Teil der Gruppe.

Unsere Hauptaufgabe sahen wir zukünftig darin zu klären, wovor sich Rui ängstigte, das heißt zu erfahren, wodurch er eingeschüchtert und somit in seiner Entwicklung gehindert wurde. Nach dem Gespräch mit seiner Mutter wollten wir uns erneut austauschen.

Beobachtung ist ein zirkulärer, nicht endender Prozess: Wahrnehmen, Untersuchen, Erkennen, Verstehen, Handeln, Auswerten sind sich stets wiederholende Abschnitte. Immer wieder werden die Leitfragen gestellt: Was war? Wie war es? Wo sind wir hier und jetzt? Wie geht es weiter?

Indem Erzieherinnen/Erzieher in der Beobachtung eine Hauptaufgabe ihres pädagogischen Handelns sehen, erklären sie sich in besonderem Maße für die ihnen anvertrauten Kinder verantwortlich. Ob Entwicklungen beim Kind phasenspezifisch und altersentsprechend sind, das heißt, ob und wie sich Entwicklungsprozesse zeigen, kann durch eine gute Wahrnehmung festgestellt werden. Erzieherinnen/Erzieher erarbeiten Handlungskonzepte, das heißt, sie fördern und unterstützen Kinder im Rahmen der durch die Institution festgelegten Bedingungen. So können Kinder Erlebnis- und Verhaltensmöglichkeiten entwickeln. Selbsttätig entscheidend und frei wählend, ist es ihnen möglich, aktuelle, konkrete Lebenssituationen zu erfahren. Ganzheitliches Lernen kann geschehen, das heißt, Leib und Seele werden als Einheit erfahrbar. Kinder, die sich sicher, geborgen und beschützt wissen, sind in der Lage, sich anderen zu offenbaren, indem sie ihren Interessen öffentlich nachgehen und ihre Begabungen einsetzen.

In unserem Beispiel erhielt der Junge das Mehr an Zeit, das er für die Eingewöhnung brauchte. Die Erzieherinnen ließen ihm sozusagen »kontrolliert« Zeit, schenkten ihm angemessen Aufmerksamkeit und signalisierten Akzeptanz für seine Bedürfnisse und Fürsorgebereitschaft. So konnte der Junge schließlich ihn hemmende Ängste in sich abbauen. Je mehr die Einrichtung für Rui zu einer vertrauten Umgebung wurde, er sie als eine Art »Nest« erkannte und erfuhr, umso aktiver konnte er sich zeigen. Mit aufkommender Sicherheit und vermehrtem Zutrauen zu sich selbst und seinen Fähigkeiten konnten Kontakte zu Kindern und Erzieherinnen geknüpft werden und das Einnässen verminderte sich.

Gute Kontakte der Eltern zu Erzieherinnen/Erziehern und Einrichtung bewirken bei Kindern oft ein heimisches Gefühl. Die Einrichtung gehört nicht mehr zur Außenwelt, sondern wird durch den gemeinsamen Nutzen zur vertrauten Sphäre. Demonstrieren Eltern durch längere Aufenthalte, wie beispielsweise beim Eltern-Kind-Nachmittag oder bei Festen, dass sie sich gerne dort aufhalten, so unterstützen sie das Kind dabei, sich ein »Nest« zu bauen. In unserem Beispiel zeigten sich die Erzieherinnen sehr interessiert an dem Besuch von Ruis Eltern beim Adventsnachmittag, halfen der Mutter beim Ankommen und stellten ihr die Mutter von Ruis Spielgefährten vor. Die Erleichterung des Ankommens war möglich geworden, weil die Leiterin aufmerksam beobachtet hatte. So war ihr Ruis Mutter aufgefallen, der sie entgegengehen konnte.

»Das dauert doch alles viel zu lange. Dazu habe ich keine Zeit.«

Eile mit Weile ist hier das richtige Motto. Der Situationsansatz ist keine Arbeitsweise, die von jetzt auf gleich erlernt und durchgeführt werden kann. Er erfordert Auseinandersetzung mit sich selbst. Welche Haltung habe ich gegenüber Kindern? Wenn Sie guten Gewissens sagen können, dass sie die Kinder ernst nehmen, dann lesen Sie doch noch einmal die Beispiele in dem Beitrag zur Kinderkonferenz. Auch die Erzieherinnen, die dort berichten, waren mit Recht überzeugt, eine partnerschaftliche Haltung gegenüber Kindern zu haben. Erst bei genauerem Hinsehen, fielen ihnen noch ein paar Ecken und Kanten auf. Wichtig ist nicht, perfekt zu sein, wichtig ist, offen und selbstkritisch zu bleiben.

Manchmal beobachten Erzieherinnen eine Situation und spüren deutlich, dass hier etwas Wichtiges geschehen ist ohne dass sie sagen könnten, was sie so berührt. Dann dauert es unter Umständen ein paar Wochen, bis das Wesentliche an dieser Situation deutlicher hervorgetreten ist und eine erste Idee sich entwickeln kann. Die Projekte in diesem Buch liefen oft über Monate, zeitweise flüssig und flott, dann wieder schwerfällig und lästig. Sie zeigen aber, dass die innere Zeit von Kindern und Erzieherinnen nicht nach der äußeren bemessen werden kann.

Marion Gerlach, Studierende in einem berufsbegleitenden Ausbildungsprojekt, machte die Erfahrung, dass gerade das Zeitlassen die Kinder zu eigenen Lösungen führt. Sie fühlte sich in ihrem Gruppenraum nicht wohl, konnte aber nicht genau sagen warum. Erst als sie durch einen Hexenschuss unbeweglich geworden war und ihre Arbeit sitzend von einer Ecke aus tun musste, fiel ihr auf, was sie störte: Der Raum war zu voll. Überall hingen und standen Werke herum von Kindern, die teilweise die Einrichtung schon verlassen hatten. Verstaubte Zweige baumelten von der Decke, Nippes füllte die Regale. Sie besprach ihre Wahrnehmung mit der Kollegin und den Kindern. Gemeinsam beschlossen sie, erst mal »klar Schiff« zu machen. Nach der großen Räumaktion fühlten sich alle merklich erleichtert, was bei den Kindern sichtbar wurde: Sie bewegten sich freier und gingen anders miteinander um.

Ein Nebenraum sollte zum Atelier werden, deshalb war er freigeräumt worden. Als es aber an die Einrichtung ging, wollten die Kinder nicht mitziehen. Ihnen gefiel der freie Raum, den sie nach ihren Bedürfnissen gestalten konnten. Die Erzieherinnen mussten sich erst daran gewöhnen, dass da ein Raum scheinbar nicht genutzt wurde. Als sie aber beobachteten, wie vielfältig und fantasievoll die Kinder dort spielten, konnten sie den kahlen Raum akzeptieren. Nach drei Wochen erinnerte sich eines der Kinder daran, dass darin eigentlich ein Atelier untergebracht werden sollte. Jetzt erst waren die Kinder bereit einzuräumen.

So machen es die anderen – Situationsansatz in der Praxis 1

Sieglinde Mühlum/Gaby Virnkaes u.a.

Neuanfang in der Gruppe

Dieses Projekt wurde in einem Zeitraum von zwei Monaten erarbeitet.

Situationsanalyse: Diesmal ist es zu Beginn des neuen Kindergartenjahres so, dass es nicht die »Neuen« sind, die Schwierigkeiten haben, sondern die »übrig Gebliebenen«. Schwierig ist die Situation wohl auch deshalb, weil diese zehn Kinder aus dem Vorjahr 15 neuen Kindern gegenüberstehen. Dass diese Gruppenstruktur unsere großen Kinder sehr verunsichert, zeigt sich an unterschiedlichen Beobachtungen:

- Einige Kinder haben überzogene Besitzansprüche an uns Erzieherinnen – sie sind eifersüchtig, hängen sich an uns, haben Probleme, Beziehungen zu den neuen Kindern aufzunehmen, lehnen sie teilweise ab.
- Florian kommt nicht klar mit seiner neuen Rolle. Bislang war er im Kindergarten und auch zu Hause der Jüngste. Jetzt soll er die Rolle des Großen einnehmen.
- Nadine ist sich der Regeln und Normen des Kindergartens nicht bewusst, seit sie sich im letzten Jahr immer den Großen anschloss und deren Führungsposition nie infrage stellte.
- Antonia zieht sich am Morgen beim Anblick der vielen neuen Gesichter noch mehr in sich zurück und möchte eigentlich nicht mehr in den Kindergarten. Es fehlt ihr die Freundin, die jetzt in der Schule ist.
- Christian ist eigentlich der Einzige, der aus der neuen Situation Vorteile zieht. Er ist sehr aufmerksam den jüngeren Kindern gegenüber, hilfsbereit, wenn es um kleine Aufträge geht.

Die neuen Kinder sind dagegen sehr selbstbewusst. Sie haben offensichtlich keine Schwierigkeiten mit der Ablösung von zu Hause. Auch Kommunikations- oder Kontaktschwierigkeiten sind kaum zu erkennen. Diese Kinder sind aufgeschlossen und neugierig.

Verständlich wird die schwierige Situation unserer Großen, weil die Schulkinder des letzten Jahres ausgesprochen autonom und kompetent ihren Kindergartenalltag gestalteten. Sie waren z.B. in der Lage, viele auch schwierige Situationen selbstständig zu regeln und Führungspositionen zu übernehmen. So ist es nur natürlich, dass durch ihr Ausscheiden eine Lücke entstand, mit der sie erst umgehen lernen müssen.

Zwei dieser Kinder werden sich in absehbarer Zeit auch daheim in einer solchen Situation befinden, denn als Zweit- bzw. Drittgeborene werden sie durch die Geburt eines neuen Geschwisters auch zu den »Großen« zählen. Mit dem Gefühl, aus dem Nest geworfen zu sein, müssen Kinder erst einmal fertig werden.

Mit dem Aufgreifen dieser Lebenssituation werden wir folgendem Anspruch unseres pädagogischen Konzeptes gerecht:

> Wir sehen die zentrale Aufgabe des Kindergartens darin, den Kindern in einem lebensnahen Lernen Erfahrungen zu ermöglichen, die ihnen helfen, sich in gegenwärtigen und zukünftigen Lebenssituationen besser zurechtzufinden.

Projekt: Ich finde mich in meiner Gruppe nicht mehr zurecht

Beobachtung: Wir stellen fest, dass Jan sich immer Unternehmungen wünscht, die schon so weit zurückliegen, dass eigentlich nur er selbst sie kennen kann. Er hat spektakuläre Vorhaben wie: Häuser zu Riesenkartons oder »große Essen« als Wünsche angemeldet. Alles Dinge, von denen fast nur noch er weiß. Das Staunen, das er bei den Kindern auslöst, genießt er!

Angebot: Eine Konferenz zum Thema »Erinnerungen«.
Da sich die Großen so oft auf unsere »Ehemaligen« beziehen, erscheint es uns notwendig, diese Erinnerungen zu pflegen. Außerdem möchten wir den Kindern vermitteln, dass im Kindergarten Kinder nicht einfach ausgetauscht werden, sondern dass für uns von jedem etwas zurückbleibt. Ich lese aus einem alten Gruppentagebuch vor, in das vor Jahren Kinder für sie wichtige Ereignisse aufschreiben ließen. Einige entdecken die Namen ihrer älteren Geschwister. Den Großen fallen dabei eigene Unternehmungen aus dem letzten Kindergartenjahr ein, worüber sie angeregt zu erzählen beginnen.

Reaktion: In dieser Konferenz wünscht sich Jan das Lied von den »fünf Broten und zwei Fischen«. Das ist ein Lied, das vor über einem Jahr sehr aktuell war. Er versucht selbst herauszubekommen, wer es außer ihm noch kennt. Es fällt schnell auf, dass nur noch wenigen dieses Lied bekannt ist. Jan stellt fest: »Alle anderen waren da noch nicht dabei!« Das ist auch eine Entdeckung für die anderen Großen. Jetzt beginnen auch sie, sich Lieder zu wünschen, die sie von »früher« kennen. Es bleibt nicht nur bei Liedern, sie erzählen, wer in die Schule kam und warum das eine oder andere Kind besonders vermisst wird. Das erzählen sie sich eigentlich nur gegenseitig – die Neuen, die dabei sitzen, werden einfach ausgeklammert.

Mitplanen und Mitbestimmen

Angebot: In dieser Konferenz ist es unsere Absicht, die neuen Kinder mit unserem »Plan« bekannt zu machen, der für uns ein wichtiges Instrument ist, Kindern Mitplanung und Mitbestimmung möglich und sichtbar zu machen. Wir denken, es ist für unsere Großen eine Möglichkeit, ihren Erfahrungsvorsprung zu demonstrieren.

Wir holen also die Pinnwand, an der viele Zettel mit Wünschen und Ideen der Kinder hängen.

Zunächst sortieren wir die inzwischen »erledigten« Zettel aus. Vieles hatten sich noch die Schulkinder gewünscht. Das ist Anlass für unsere Großen, sich darüber auszutauschen, wie die einzelnen Unternehmen verliefen. Auf ihre eigenen Wünsche angesprochen, kommen zwei Vorschläge: »Ich möchte zu Hause besucht werden« und »Kochst du mit uns?«. Uns Erwachsenen wird deutlich: Wir haben die gleichen Schwierigkeiten wie die Kinder. Auch wir vermissen die Schulkinder und die alte Gruppensituation, wir kennen die neuen Kinder und Eltern noch nicht. Wir wissen nicht, wie sich das Zusammenleben gestalten wird.

Angebot: Wir bauen Papphäuser. Weil wir die Idee mit den Riesenhäusern für die Rollenfindung der Großen wichtig finden, besorgen wir umgehend große Kartons. Wir denken, es ist auch wichtig für unsere neuen Kinder zu erleben, wie ernst wir ihre Wünsche nehmen und ihnen helfen, sie in die Tat umzusetzen. Wir nehmen uns vor aufzupassen, dass die Großen ihr Vorhaben möglichst eigenverantwortlich durchführen können.

Beobachtung: Die Riesenhäuser beschäftigen die Großen aus allen Gruppen. Nach und nach holen sie sich die Kartons auf die Terrasse und arbeiten äußerst kooperativ. Die Neuen stehen staunend und bewundernd dabei. Das Gestalten der Häuser und das entstehende Spiel bleibt allein Sache der Großen. Die neuen Kinder akzeptieren es.

Reaktion: Zunächst arbeitet Jan mit Volldampf alleine. Er besorgt sich Kleister, Pinsel, sucht sich Tapeten und Vorhänge aus. Sein Tun auf der Terrasse erweckt Neugier bei allen Kindern. Nach und nach erlaubt er einigen großen Kindern mitzumachen, bleibt aber ganz »Boss und großer Meister!«. Jan kann sein Können und Mehrwissen voll unter Beweis stellen. Interessant ist auch, dass er während dieser Aktion uns Erwachsenen und auch den Jüngeren gegenüber deutlich weniger aggressiv ist.

Beobachtung: Wir haben uns Gedanken zu Jans Wünschen gemacht und sind zu der Ansicht gekommen, dass wohl hinter seinen Wünschen das Bedürfnis steht, den neuen Kindern deutlich zu machen, wie viel mehr er weiß. Es ist wohl sein Weg, zu einer neuen Position innerhalb der Gruppe zu finden. Wir glauben, das könnte ein möglicher Weg zu einem besseren Rollenverständnis auch für die anderen Großen sein. Deshalb beginnen wir heute damit, in gemeinsamen Erinnerungen zu kramen.

Angebot: »Wisst ihr noch …?« Unsere Absicht ist, in der Konferenz über gemeinsame Unternehmungen aus dem vergangenen Kindergartenjahr zu reden, um sie für die großen Kinder wieder lebendig werden zu lassen. Zum Beispiel Ausflüge, besonders gemütliche Situationen, aufregende Entdeckungen etc. Wir werden unsere Fotoalben mit einbeziehen.

Was gibt es zum Frühstück?

Angebot: Jede Woche hat eine andere Gruppe die Aufgabe, das Frühstück für alle vorzubereiten. Dabei sind uns folgende Gesichtspunkte wichtig:

- Persönliche Wünsche und Vorstellungen sollen eingebracht werden, über die die Gruppe zu befinden hat.
- Die Kinder sollen sich ein gesundes Frühstück zusammenstellen und Auswahlkriterien dafür finden.
- Kinder sollen erste Erfahrung im Umgang mit Geld machen können.

Wir denken, Kindern könnte dabei Mitverantwortung und Mitbestimmung erlebbar werden. Unsere Großen könnten dabei mehr Selbstbewusstsein entwickeln.

Grosse Wünsche für eine Mark

Reaktion: Um den neuen Kindern bewusst zu machen, dass auch ihre Meinung wichtig ist und ihre Wünsche gleichberechtigt sind, hole ich reihum ihre Vorschläge ein. Da kommen Wünsche wie Schokolade, Pommes, Nutella etc. Unsere Großen reagieren zunächst verblüfft, dann eher amüsiert! Ganz allmählich gelingt es ihnen, Erklärungen für das Für und Wider zu finden. Auf meine Frage: »Woher wisst ihr das?«, stutzen sie erst und eines der Kinder sagt: »Weil wir schon länger da sind!« Das ist auch für die neuen Kinder eine wichtige Erkenntnis.

Um eine reale Vorstellung von 1,00 DM Frühstücksgeld zu bekommen, zeigen wir mit zehn Zehnern auf, wofür und wie lange unter Umständen 1,00 DM reichen kann. Die Großen verhalten sich bei dieser Besprechung äußerst souverän. Sie beginnen ihre Rolle zu genießen!

Beobachtung: Mitplanen. Fast täglich kommen neue Kochwünsche. Es scheint fast, wir hätten in der vergangenen Zeit nur gegessen, getrunken und gekocht!!! Alle Spezialrezepte werden durchprobiert – und bei der nächsten Planung kommt dann wieder ein neuer Kochvorschlag. Die Gruppe genießt, genießt.

Beobachtung: Die Großen spielen hartnäckig unter sich!!! Sie bemühen sich bei jeder sich bietenden Gelegenheit um einen Platz an unserer Seite. Sie wachen eifersüchtig darüber, dass keines von ihnen bevorzugt wird. Zwischendurch ist immer mal wieder zu hören: »Immer diese Kleinen!«

Heute ist zum ersten Mal der Fotograf Georg Reichle im Haus, der eine Diaserie zum Situationsansatz machen will. Weil er die nächsten Wochen mit den Kindern viel Zeit verbringen wird, wollen wir den Kindern in dieser Konferenz auch Gelegenheit geben zum gegenseitigen Kennenlernen.

Reaktion: Georg stellt sich vor, erklärt woher er kommt und was er vorhat. Als sie hören, er komme aus Darmstadt, fällt einem unserer Mädchen unser letzter Ausflug ein. Davon können sie lebhaft erzählen. Alisa macht auf die Fotos in der Halle aufmerksam: »Da könnt ihr alles sehen!« Ich erinnere sie an Briefe, die wir uns schrieben, als ich zu einer Fortbildung in Darmstadt war. Die Kinder erinnern sich: »Da war doch was von großen Bäumen und einem alten Garten ...« Die Großen fügen ihre Erinnerungen wie zu einem Puzzle zusammen. Die Kleinen hören gespannt zu. Glücklicherweise liegen diese Briefe noch griffbereit im Regal! Beim Vorlesen der Briefe fällt Jan ein: »Carolin wollte auch mal einem Baum einen Namen geben. Die hatte auch einen Lieblingsbaum draußen im Garten!« Zu den Fotoalben kommen wir diesmal noch nicht, das wollen wir während der nächsten Tage zwischendurch mit kleinen Gruppen nachholen.

»... und kleine Mädchen kann ich schon gar nicht leiden«

Angebot: In der Konferenz greifen wir diesen Ausspruch von Jan auf. »Du sagst: Kleine Mädchen magst du nicht. Kannst du uns sagen, warum das für dich so ist?« Diesem Sachverhalt wollen wir in dieser Konferenz auf den Grund kommen. Wir meinen, wenn Jan aussprechen kann, was ihn stört, wenn er Gelegenheit hat, über die Hintergründe nachzudenken, die ihn zu dieser Überzeugung gebracht haben, wird er seine Einstellung sachlicher beurteilen lernen. Denkanstöße und Einwände oder an manchen Stellen vielleicht auch Zustimmung könnten ihm helfen. Wir wissen, dieser Junge hatte auch früher schon Konflikte wegen seiner kleinen Schwester, die jetzt neu in der Gruppe ist. Diese Konflikte beeinflussten schon immer sein Verhalten der Gruppe und uns Erwachsenen gegenüber.

Reaktion: Zuerst kommt ein trotziges »Weil die halt blöd sind!«. Er weigert sich kategorisch, sich weiter damit auseinander zu setzen. Die Großen tragen Beobachtungen zusammen, die ihnen im Zusammenhang mit unseren kleinen Mädchen einfallen. Es fallen auch bei ganz genauem Hinsehen nur positive Dinge auf. Eine wohlwollende Stimmung macht sich breit. Das macht Jan nur noch ärgerlicher. Auf meine vorsichtige Anfrage, wie das so mit seiner Schwester sei und ob er nicht ein wenig davon erzählen möchte, fängt er an, sich seinen Ärger von der Seele zu reden. Die Konflikte, die er schildert, kann die Gruppe gut nachvollziehen. Das Verständnis, das ihm entgegengebracht wird, tut ihm sichtlich gut. Er erzählt und berichtet zunehmend ruhiger. Den Kindern erscheint seine ablehnende Haltung einleuchtend, sie erkennen klar, dass das nichts mit unseren neuen kleinen Mädchen zu tun hat. Ich mache ihn auf ein Bilderbuch aufmerksam, das ich ihm vor einiger Zeit in einer ähnlichen Situation vorgelesen hatte und das er seither sehr liebt. »Ja, das war das Buch vom Bohnen-Jim und das sollst du meiner Andrea zeigen.«

Angebot: »Das will Jenny haben«, ein Bilderbuch von Chr. Nöstlinger und B. Anrich-Wölfel.

Alles, was Jim hat, will seine kleine Schwester Jenny haben. Sie ist noch klein, doch sie kann schon brüllen: »das will Jenny haben«! Die Mutter erwartet dann immer von Jim, dass er ihr die Sachen gibt. Eines Tages findet Jim eine wunderschöne Bohne, groß und schwarz mit weißen Streifen und rosa Punkten. »Das will Jenny haben!« schreit seine kleine Schwester. Jim versteckt die Bohne im Mund und schluckt sie versehentlich hinunter. Er wird krank. Alle sind ratlos. Dann beginnt Jim zu grünen. Aus Mund, Nase und Ohren wachsen Bohnentriebe. Vorsichtig setzt ihn die Mutter aufs Sofa, damit seine Blätter und Ranken Platz haben. Schließlich trägt sie ihn in den Garten und baut mit Stangen eine Rankhilfe über ihn. Es wird ein eigenartiger Sommer für Jim. Die Mutter kümmert sich fürsorglich um ihn. Sie verjagt die Ziegen, die an ihm knabbern wollen, hält bei Regen eine Schirm über ihn etc. Endlich ist es Herbst, die Bohnenranken welken und lassen sich problemlos aus Jim herausziehen. Die Mutter hat alle Bohnen für Jim eingemacht. Wenn es nun Freitags wieder Haferbrei gibt, darf Jim seine Bohnen essen. Seine Schwester schreit: »das will Jenny haben« und die Mutter sagt: »Jenny halt den Mund!«

Reaktion: Als ich die Kinder zur Bilderbuchbetrachtung einlade, schickt Jan gleich seine Schwester. Zwischendurch kommt er immer wieder vorbei, gibt Kommentare ab und ermahnt seine Schwester, ja gut aufzupassen. Die Kinder sind sehr motiviert, dem Verlauf der Geschichte aufmerksam zu folgen. Für Jim und seine Situation bringen sie viel Verständnis auf. Sie sind richtig wütend auf die kleine Jenny, es entsteht Solidarität mit Jim. Zwischendurch meint Alisa: »Weißt du, ich habe das auch so mit meiner großen Schwester gemacht!« Aus dieser und ähnlichen Bemerkungen spricht Verständnis für eine solche Geschwisterrivalität. Am Ende der Geschichte stellen die Kinder ganz von alleine Parallelen zu Jan her, sie verstehen jetzt eher seinen Frust und die daraus resultierenden Aggressionen.

Essen ist mehr als satt werden

Beobachtung: Pierre bringt stolz einen großen Kürbis mit! Er möchte daraus eine Suppe kochen – »wie schon mal!«. Wir Erwachsene freuen uns sehr über seine Initiative, denn er ist eher ein stiller Junge, der bislang wenig eigenverantwortlich handelte. Normalerweise schließt er sich lieber anderen an. Die Kürbissuppe wird als Vorhaben für den folgenden Tag auf unseren »Plan« gesetzt. Am Verhalten von Pierre wird uns deutlich, wie wichtig die intensive Beschäftigung mit der Situation der Großen für ihre Rollenfindung ist.

Angebot: Ein schönes Essen und alles was dazugehört!
Zunächst gilt es, Rezept und Vorgehensweise aufzumalen, um danach möglichst selbstständig die Zubereitung zu übernehmen. Die Suppe soll gemütlich im Zimmer

gegessen werden, mit allem Drum und Dran, wie es bei uns schon Tradition geworden ist. Wir ermuntern die Großen, dieses Essen für die Gruppe vorzubereiten, und sind gespannt, ob sie ihren Erfahrungsvorsprung nutzen können.

Uns Erwachsenen liegt daran, die Kinder die benötigten Dinge in eigener Regie zusammentragen zu lassen und nur einzugreifen, wenn es unbedingt nötig ist.

Reaktion: In einer ruhigen Ecke des Zimmers überlegen wir mit den Großen, was ein gemütliches Essen ausmacht und was man dazu braucht. Ganz allmählich kommen die Erinnerungen an ganz besonders »schöne« Essen und was sie so gemütlich sein ließ. »Der Tisch war schön gedeckt mit Kerzen und Servietten, Blumen standen auf dem Tisch, schöne Musik war dabei« (das heißt klassische Musik) »und es wurde eine schöne Geschichte vorgelesen.«

Zuerst geht es an die Musikauswahl: Mit vier Kassetten klassischer Musik, Kissen und Decken ziehen sich die Kinder in unseren Ausweichraum zurück, um sich in aller Ruhe ein passendes Musikstück auszusuchen. Bei einer Flötenmusik fällt ihnen ein bestimmtes Schulkind ein, das diese »traurige« Musik besonders mochte, um dabei Wolken zu beobachten. »Oh ja, das machen wir auch!« Eines der Mädchen möchte am nächsten Tag noch einmal ganz alleine diese Musik anhören. Anschließend werden die letzten Vorbereitungen im Zimmer getroffen. Das Zimmer ist feierlich und stimmungsvoll gestaltet. Unsere Kleinen bewundern alles gebührend! Alles in allem ist es ein Genuss!

Beobachtung: »Heute höre ich drüben im Haus meine traurige Musik … aber ohne Erwachsene!« Damit beginnt Alisa ihren Morgen. Sie erlaubt noch drei anderen Großen mitzugehen. Mit Kissen und Decken ziehen sie ins Nebengebäude (zurzeit unser Ausweichraum). Nachdem alles vorbereitet ist, handeln wir mit den Kindern Regeln aus. Wir bekommen zugebilligt, ab und zu nachsehen zu dürfen. Bei einem dieser Besuche ist Christoph dabei, ein Neuer, der gerne bleiben möchte. Nadine erlaubt es zunächst mehr gnädig, kümmert sich dann aber rührend um ihn. Sie macht ihn auf besondere Hörerlebnisse aufmerksam und beantwortet geduldig seine Zwischenfragen. Am Ende sind die Kinder stolz und zufrieden, weil »alles so gut geklappt hat«. Wir Erwachsene sind das auch! Jetzt können wir eher einordnen, was wir ihnen zutrauen können.

Wolkenbilder

Angebot: Den Vorschlag der Kinder, den Wolken zuzusehen, nehmen wir gerne auf. Er unterstützt zum einen unser Bemühen, Erinnerungen zu pflegen, und zum anderen, Kinder für Naturerlebnisse zu sensibilisieren. Frühere Erfahrungen werden bewusst und vertieft. Wir denken, Kinder lernen auf diese Weise auch, fantasievoll mit Naturphänomenen umzugehen, und können dabei einen Ausgleich zur allgemeinen Reizüberflutung finden.

Reaktion: Gezielt packen die Kinder den Leiterwagen mit allem, was ihnen für das »Wolken betrachten« notwendig erscheint: Kissen, Decken, Kassettenrekorder. Auf der Wiese gibt es erst mal eine kleine Rangelei um die angeblich gemütlichsten Liegeplätze.

Für kurze Zeit breitet sich eine meditative Stimmung aus! Leider haben wir uns einen schlechten Tag ausgesucht, der Himmel ist überzogen mit grauen Wolken. Kaum eine Spur von Wolkenbergen, in die sich Gestalten hineinsehen lassen. Den Kindern gefällt es trotzdem. Sie meinen: »Dann probieren wir es eben ein anderes Mal wieder!« Beim anschließenden Herumtollen auf der Wiese fällt einem unserer erfahreneren Kinder unser Drachenfest ein. Es wird beauftragt, am nächsten Tag in der Konferenz den neuen Kindern davon zu berichten.

Beobachtung: »Ich bin neu – erzählt mir vom Drachenfest!«
Damit leitet Kathrin eine Konferenz ein und bringt damit die meisten unserer »alten« Kinder in Verlegenheit, weil im Vorjahr das Drachenfest wegen schlechten Wetters ausfiel. Doch einige erinnern sich, das Drachenfest schon einmal mit ihren größeren Geschwistern erlebt zu haben. Es gelingt ihnen trotz Schwierigkeiten eine anschauliche Schilderung zu liefern. Die Gruppe beschließt spontan: »Das machen wir auch!«

Mehl mahlen und Brot backen

Beobachtung: Gespräche am Rande … »Wir haben doch auch einmal Brot gebacken und Butter gemacht!« – »Oh ja, davon können wir unseren neuen Kindern erzählen!« Alisa meint: »Wir könnten ihnen doch zeigen, wie es gemacht wird!« Das wird dann Gesprächsstoff für eine Konferenz.

Angebot: Nachdem die Kinder das in die Konferenz eingebracht haben, gehen wir der Frage nach: Woher kommen unsere Grundnahrungsmittel wie Brot, Butter, Milch, Eier etc.? Im Zusammenhang mit dem Erntedankfest werden wir das noch weiter vertiefen. Den Kindern heute fällt es schwer, Begriffe wie Erntezeit und Erntedank mit lebhaften Vorstellungen zu verbinden. Ihre Erfahrung ist, alle Nahrungsmittel können unabhängig von Jahreszeit und Wetter im Laden gekauft werden. Das Geld dafür holt man von der Bank.

Reaktion: Die Kinder sind begeistert von dieser Idee! Umgehend wird Getreide besorgt und die Kaffeemühlen werden vom Schrank geholt. Ein staubiges Unternehmen beginnt! »Weißt du noch, das haben wir damals so gemacht …« Diese Redewendung ist zu Beginn dieser Aktion immer wieder zu hören. Sie unterstützen sich gegenseitig mit Rat und Tat. Die Kleinen nehmen erst keine Notiz, werden dann aber zunehmend neugieriger und schauen genauer hin. Die Großen geben sachkundig Auskunft. Ganz allmählich werden sie in diese Arbeit mit hineingenommen. Sie

»dürfen auch mal«! Es wird schon einige Zeit dauern, bis genügend Mehl für ein großes Brot gemahlen ist.

Beobachtung: … und unsere Kleinen können auch schon mitreden!
Nach den intensiven Gesprächen zur Gestaltung der Tagesabläufe und nachdem die Kinder erfahren haben, wie ernst mit ihren Wünschen und Anregungen umgegangen wird, kommt Christoph morgens mit Milch und Puddingpulver. Er möchte für alle Pudding kochen und will, dass darüber in einer »Konferenz« gesprochen wird.

Reaktion: Christophs Idee löst Begeisterung aus! Erfahrenere Kinder bieten sich an, ihm beim Kochen zu helfen. Er erfährt Lob und Anerkennung durch die Gruppe. Felix übernimmt die Verantwortung für die Kocherei. Er beginnt Gefallen daran zu finden, seinen Erfahrungsvorsprung zu demonstrieren. Die Großen staunen über Kathrins Initiative. Sie sparen nicht an Lob. Auch hier bieten sie ihre Unterstützung an. Zwischen alten und neuen Kindern beginnen Beziehungen zu wachsen!

Angebot: Die Vorbereitungen für das Drachenfest laufen auf Hochtouren! Tagelang wird beraten, was noch notwendig ist. Die Kinder bauen Drachen, gestalten Einladungen für Eltern, Geschwister, Verwandte und Freunde. Den Kindern wird klar, dass wir zusammen vom Kindergarten für Essen, Trinken und Geschirr nicht alleine sorgen können. Also müssen die Eltern motiviert werden. Nachdem die ersten Elternrückfragen eingehen, gibt der Kindergarten eine offizielle Information mit nach Hause.

Ein Abkommen mit Jan!

Angebot: Damit sich Jan nicht permanent durch die Neuen zurückgesetzt fühlt, handeln wir mit ihm ein Abkommen aus: Eine von uns Erwachsenen setzt sich jeden Tag für zehn Minuten zu ihm und lässt sich dabei von niemandem stören. Er nimmt das Angebot mit Vorbehalt an. Gleich am nächsten Tag fordert er seine »Minuten« ein. Ganz offensichtlich hilft es ihm, sich zurechtzufinden und den Neuen mit weniger Eifersucht zu begegnen. In den folgenden Tagen wacht er penibel über die Einhaltung dieses Abkommens.

Bilderbuch »Oskar und die Mitternachtskatze« von H. Brooks und J. Wagner
Zum Inhalt: Oskar, ein alter Hund, lebt mit der alten Rosa alleine in einem alten Haus. Sie sind die besten Freunde und unternehmen alles gemeinsam. Eine Katze, die in die Zweisamkeit der beiden eindringt, lehnt Oskar ab. Er verteidigt seine Position und denkt sich alle möglichen Gemeinheiten aus, um die Katze zu verjagen. Aber Rosa gelingt es schließlich, Oskar zu einem friedlichen Leben zu dritt zu bewegen.

Oskars Probleme sind identisch mit denen unserer Großen. Wir denken, an dieser Stelle brauchen sie unsere Hilfe und Unterstützung: zum Beispiel in ihrem ausschließlichen Besitzanspruch an uns Erwachsene. Es geht ihnen streckenweise wie Oskar, der Angst hat, Liebe und Zuwendung teilen zu müssen oder gar zu verlieren, und wie er mühsam begreifen lernt, dass die Katze eine Bereicherung seines Lebenskreises und nicht etwa einen Verlust bedeutet.

Reaktion: Bei diesem Bilderbuch fällt wieder einmal auf, wie alleine durch die Qualität der bildnerischen Darstellung Betroffenheit bei Kindern ausgelöst wird. Der sparsame Text ist sozusagen der »Handlauf«, an dem entlang sie sich die Geschichte erschließen. Über die Identifikation mit Oskar werden sie sich ihrer eigenen Situation bewusst. Am Ende steht für sie die Einsicht: »Rosa kann Oskar und die Katze lieb haben, genau wie eine Mama ja auch mehr wie ein Kind lieben kann und die Erzieherinnen im Kindergarten auch viele Kinder lieb haben können.«

Beobachtung: Die neuen Kinder entdecken neben den Fotoalben die »Hundertwasser-Sammlung«. Sie sehen sie öfter interessiert an. Besonders Alisa führt gerne sachkundige Gespräche mit ihnen. Von einigen Bildern weiß sie noch die Titel, weiß noch, wessen Lieblingsbild es war und warum das betreffende Kind es so besonders schön fand. Alisa wird zunehmend selbstbewusster.

Neue Hundertwasser fürs Zimmer

Angebot: Angeregt durch das Interesse der Kinder an den Hundertwasser-Bildern schlagen wir vor, den Gruppenraum mit neuen Bildern zu schmücken. Wir wollen den Kindern bewusst machen, dass ihr Gruppenraum ein »Zuhause auf Zeit« ist, dessen Aussehen sie mitgestalten können. Wir hoffen, es kommt für sie dabei heraus: Das ist auch mein Zimmer, da habe ich mitzureden!

Reaktion: Die Diskussion entwickelt sich zu einer größeren Sache! Einige der Älteren wollen bestimmte Bilder nicht auswechseln, »weil das doch mein Lieblingsbild ist«, »weil das Carolins Lieblingsbild war« etc. Dann einigen sie sich doch darauf, alle auszuwechseln, denn Nadines Einwand: »Die hängen doch schon lange genug, da sind doch noch Bilder dabei, die sich die Schulkinder ausgesucht haben« überzeugt. Christian und Kai (alt und neu!) bekommen den Auftrag, eine Vorauswahl von sechs Bildern zu treffen. Mit großer Konzentration und Ausdauer sind sie bei der Sache. Ihre Auswahl findet Zustimmung!

Vier neue Bilder fürs Zimmer! Jedes Kind bekommt vier Muggelsteine, die es auf die Bilder legen soll, die ihm am besten gefallen. Die Vorauswahl liegt in der Halle auf dem Boden. Die Kinder betrachten sich die Bilder sehr genau und beschäftigen sich intensiv mit den Bildaussagen. Es bilden sich Meinungen heraus. Bewusst und souverän verteilt jedes Kind schließlich seine Muggelsteine. Es ist ihnen anzumerken, dass sie ihrem Tun einen hohen Stellenwert beimessen und stolz sind.

Es hat sich was verändert: Inzwischen lassen sich die Jüngeren auch von den älteren Kindern trösten. Die Neuen werden mehr und mehr ins Spiel einbezogen. Eine Abgrenzung zwischen neuen und alten Kindern ist kaum mehr spürbar. Die Großen geben bewusst ihre Erfahrungen und Kompetenzen weiter. Für Jan sind die kleinen Mädchen keine Rivalinnen mehr. Er lernt zunehmend zwischen ihnen und seiner kleinen Schwester zu unterscheiden. Selbstbewusst und einfühlsam gehen die Älteren mit den jüngeren Kindern um.

Und zum Schluss: Das Drachenfest

Reaktion: Endlich ist es Samstag 14.00 Uhr! Noch melden die Väter ernste Zweifel an der Flugfähigkeit der selbst gebauten Drachen an. Doch glücklicherweise weht der richtige Wind! Mit Begeisterung und Hingabe lassen Kinder und Eltern ihre Drachen steigen! Nicht nur der selbst gebackene Kuchen, auch das Entwirren der Schnüre schafft neue Kontakte. Tagelang reden die Kinder von diesem Fest. Jetzt hat die Gruppe gemeinsame Erinnerungen.

Qualifikationen und Erfahrungen, die unserer Ansicht nach die Kinder gebraucht haben, um mit dieser Lebenssituation besser umgehen zu können:

- das Wissen um ihren Erfahrungs- und Entwicklungsvorsprung;
- die Fähigkeit, ihre Erfahrung und ihr Wissen an Jüngere weiterzugeben;
- die Bereitschaft, für sich und andere Verantwortung zu übernehmen;
- Mut und Vertrauen in die eigenen Fähigkeiten entwickeln;
- Möglichkeiten zum Mitplanen und Mitgestalten ihres Kindergartenalltags;
- die Erfahrung, dass sie wichtig sind und trotz der vielen neuen Kinder ihren Platz in der Gruppe haben;
- positive Gruppenerfahrungen, gemeinsame Erinnerungen sozusagen als »Besitz« der Gruppe zu begreifen.

Für uns Erzieherinnen stellte sich aber auch die Aufgabe, den alten wie den neuen Kindern zu vermitteln, dass auch wir die Kinder, die jetzt in der Schule sind, vermissen, uns an sie erinnern und von gemeinsamen Erlebnissen erzählen, und wie wir neue Kinder in unsere Liebe und Fürsorge hineinnehmen.

Schlüsselsituation – Schlüssel wozu und für wen?

Christine Lipp-Peetz

Was ist eine Schlüsselsituation?

»Wir arbeiten ganz situativ, wenn die Kinder eine Idee haben, gehen wir darauf ein.« Qualifizierten Fachkräften sträuben sich die Haare, wenn sie diesen Satz als Ausweis für die Arbeit nach dem Situationsansatz hören.

Mittlerweile weiß doch eigentlich jede und jeder, dass es um das Aufgreifen *bedeutsamer* Lebenssituationen geht, um so genannte Schlüsselsituationen, nicht nur um erstrebenswerte Spontaneität: »Aus der Vielfalt der infrage kommenden Lebenssituationen wählt die Erzieherin – gemeinsam mit Eltern, Kolleginnen und anderen interessierten Erwachsenen – jene aus, die im Sinne einer Schlüsselsituation geeignet sind, die Kinder auf exemplarische Weise erleben zu lassen, dass sie Situationen verstehen, mitgestalten und verändern können.« (1) Für die Auswahl von Situationen sind hier zwei wesentliche Kriterien angesprochen:

1. Es gibt eine Fülle von Situationen, deswegen muss die Erzieherin auswählen.
2. Sie entscheidet in der Regel nicht alleine, sondern in Auseinandersetzung mit anderen.

Damit ist eine häufig geäußerte Frage eindeutig beantwortet: »Darf eine Erzieherin selbst aktiv eingreifen oder muss sie warten, bis Kinder ihr eindeutig zu erkennen geben, womit sie sich beschäftigen wollen?« Jawohl, sie darf nicht nur, es gehört sogar zu ihren Aufgaben zu entscheiden, was von dem, womit sich die Kinder zentral auseinander setzen, sie für geeignet hält, sich damit eine längere Zeit zu beschäftigen. Eine Voraussetzung dafür ist, die Kinder sehr gut zu beobachten. Nur so kann sie herausfinden, was wirklich wichtig ist. Als zweite Voraussetzung wird empfohlen, sich mit anderen zu verständigen, um die eigene Sicht der Dinge zu erweitern, zu vergleichen, zu bestätigen oder zu korrigieren.

»Was für Kinder wichtig ist, wird im Diskurs herausgefunden« (2)

Leicht gesagt – aber wie getan? Eine interessante Möglichkeit ist, sich zunächst nur über die Situation von Erwachsenen zu verständigen und sich erst anschließend auf die Kinder selbst zu beziehen. In einer Fortbildung mit Erzieherinnen (Level A zur Fachkraft für den Situationsansatz) wurde dies ausprobiert, indem Interviews mit Passanten sowie Gesprächsrunden mit Kolleginnen geführt wurden. Das waren die Fragen für diese allgemeine Situationsanalyse:

1. Was sind bedeutsame Lebenssituationen von Erwachsenen?
   - Wenn ich an die gesellschaftliche Entwicklung denke, bewegt mich zurzeit besonders ...
     – Als Chance sehe ich dabei ...
     – Als Risiko steht für mich dabei im Vordergrund ...

   - Wenn ich an Menschen in meiner Umgebung denke, dann beschäftigen die sich vor allem mit ...
     – Sie bewerten dabei positiv ...
     – Sie finden dabei negativ ...

   - Wenn ich mich an meine Zeitungslektüre der letzten Zeit erinnere, dann ist für mich auffallend ...
     – Mich interessiert daran ...
     – Mich freut dabei ...
     – Mich ängstigt dabei ...

2. Wie sind Kinder von diesen Lebensrealitäten der Erwachsenen betroffen?
   - Wenn ich mir jetzt überlege, was diese Themen der Erwachsenen mit Kindern zu tun haben könnten, fällt mir ein ...
   - Wovon sind meines Erachtens Kinder überhaupt nicht betroffen?
   - Wovon sind Kinder zwar betroffen, aber in einer anderen Art und Weise wie Erwachsene?
   - Gibt es Themen – aus der Zeitung, den Nachrichten, Gesprächen in meiner Umgebung –, die wir bisher noch nicht erwähnt haben und die Auswirkungen auf Kinder haben?

3. Was sind wichtige Lebenssituationen von Kindern heute?
   - Wenn ich an die Kinder und Familien (in meiner Kita) denke, dann fällt mir als Erstes ein ...
   - Wenn ich mir die Umgebung meiner Kita/meiner Familie ... vor Augen führe, dann ist dort für Kinder vor allem Folgendes bedeutsam ...
   - Wenn ich mich erinnere, was mir die Eltern der Kinder aus der Kita/von Freunden ... berichten, dann ist für sie zurzeit vorrangig ...
   - Wenn ich mir überlege, worauf mich die Kinder im letzten Monat vor allem hingewiesen haben, dann ist das ...
   - Wenn ich an unsere Teamsitzungen denke, dann bewegt uns im Zusammenhang mit den Kindern unseres Hauses am meisten ...
   - Wovon haben meines Erachtens Kinder heutzutage eher zu viel – wovon haben sie eher zu wenig?

In der Auswertung wurde unterschieden zwischen Situationen, die sich aus dem gesellschaftlichen Leben, und solchen, die sich aus der aufmerksamen Beobachtung der Kinder in den Familien oder in der Kita ergeben. Hier einige Beispiele aus diesen beiden Gruppen:

1. Schlüsselsituationen aus dem gesellschaftlichen Leben:
   - Wenn Ängste und Nöte unser Leben bestimmen …
     (Existenz-, Zukunfts-, Beziehungsangst, Angst vor Isolation, Einsamkeit …)
   - Etwas unternehmen
     (Existenzunsicherheit/Arbeitslosigkeit/Sparmaßnahmen, Altersarmut …)
   - »Eintopf und Schweinefilet«
     (Wenn die Kluft zwischen Arm und Reich bzw. wenn Ungleichheit immer größer wird)
   - Wenn jeder nur an sich denkt …
     (Ellenbogengesellschaft)
   - »Es fährt ein Zug nach Nirgendwo – wer steuert ihn?
     (Man muss heutzutage versuchen, irgendwie durchzukommen/Plan- und Orientierungslosigkeit als Tugend?)
   - Leben im Konsum oder »Weniger ist mehr«

2. Schlüsselsituationen aus dem Leben von Kindern, Familien und der Kita:
   - »Was brauche ich eigentlich wirklich?«
     (Fragen zu Konsum, Zeit und Geld und dem, was wirklich zählt)
   - »Ich will und zwar jetzt sofort«
     (Anspruchshaltung von Kindern)
   - »Nichts wie raus hier«
     (Kinder wollen raus aus der Kita und das Umfeld erobern, andernorts etwas unternehmen)
   - »Der kleine König/die kleine Königin«
     (Überforderte Eltern, fordernde Kinder – wenn Eltern nicht mehr Nein sagen können)
   - »Lass mich doch einfach«
     (Kinder wollen alleine, unbeaufsichtigt sein, nicht ständig unter erzieherischer Obhut)
   - »Wenn Mama und Papa arbeiten gehen …«
     (Berufstätigkeit beider Eltern)

Verstehen statt vermitteln

Eines wird deutlich, wenn man auf diese Art und Weise Schlüsselthemen von Kindern ermittelt: Es geht nicht darum, Erwachsenensituationen an Kinder zu vermitteln, sondern darum zu verstehen, wie Kinder vom Leben Erwachsener betroffen sind.

Wir befinden uns hier noch in der Phase der allgemeinen Situationsanalyse, die Zielbestimmung ist erst ein nächster Schritt. Und hier liegt ein wesentliches Kriterium für Missverständnisse. Viele wagen es nicht, bedeutsame Situationen überhaupt wahrzunehmen, weil sie sich – zu Recht – nicht vorstellen können, wie sie mit Kindern dieses Thema bearbeiten können. Seien Sie beruhigt: Das ist an dieser Stelle auch noch gar nicht erforderlich. Hier geht es erst um einen klaren Blick, um den Mut, Dinge zu sehen, auch wenn man noch keine Ahnung hat, was man pädagogisch daraus für Schlussfolgerungen zieht.

Dafür schließt sich als Nächstes die konkrete Situationsanalyse an. Das heißt: Wie sind die Kinder in meiner Kita von dieser allgemeinen Situation betroffen? Zum Beispiel: Wenn Arbeitslosigkeit ein zentrales Thema ist, weiß ich trotzdem noch nicht genau, wie die Kinder meiner Gruppe davon betroffen sind: Gibt es Eltern – Väter und Mütter –, die arbeitslos oder davon bedroht sind? Wie macht sich das in den Familien bemerkbar? Ist es eine Frage enger werdender finanzieller Mittel oder geht es eher darum, dass diese Lebensrealität vertuscht werden soll und die Kinder in einem nebulösen Gefühl von Unklarheit, Gereiztheit leben, oder handelt es sich um Eltern, die schon lange ohne Erwerbsarbeit sind, und welche Auswirkungen hat das für den familiären Rhythmus?

Erst nach einer konkreten Situationsanalyse kann ich mir als Erzieherin Ziele für die Arbeit mit den Kindern stellen: Vielleicht geht es mir dann vor allem darum, den Makel dieser Situation zu verringern, vielleicht will ich die Kinder entlasten und ihnen mehr Unbekümmertheit oder auch Verantwortungslosigkeit in der Kita gewähren, vielleicht muss ich mich aber auch eher darum kümmern, ob ich Sponsoren für geplante Ausflüge gewinne, damit alle Kinder dabei sein können.

Erzieherinnen im Projekt Kindersituationen, die sich auf die Schlüsselsituation »Wenn Eltern arbeitslos sind« eingelassen haben, machten interessante Erfahrungen: Zunächst versuchten sie über Gesprächsanlässe herauszufinden, ob Kinder über die Arbeitslosigkeit ihrer Eltern reden wollten. Dies fand zögernd statt, wurde zunehmend mit Erleichterung wahrgenommen. Allmählich verlor sich das Tabu, über diese »Schande« zu sprechen. Bilderbücher fanden Zuspruch, in denen nicht nur heiles Familienleben demonstriert wurde, sondern zum Beispiel der Vater zunächst erfreulich viel Zeit für die Kinder hatte, dann aber – für die Kinder nicht nachvollziehbar – zunehmend gereizter reagierte.

Die Kinder erkannten dadurch, dass es offensichtlich anderen ähnlich geht wie ihnen selbst. (Ausführlicheres genau zur Schlüsselsituation Arbeitslosigkeit und was es für Kinder bedeutet in: Doyé/Lipp-Peetz: Wie Erwachsene und Kinder mit Veränderungen leben«, Ravensburg 1998, S. 58ff.)

Konkrete Situationsanalysen

»Ist eine Schlüsselsituation durch öffentlichen oder internen Diskurs und durch die Entscheidung der Erzieherin ausgewählt, wird sie in der konkreten Situationsanalyse noch einmal gründlich erörtert. Die konkrete Situationsanalyse hat meist schon im Prozess der Situationsauswahl eingesetzt und klärt nun – konkreter als vorher –, wie sich die Schlüsselsituation für die einzelnen Beteiligten darstellt, welche Informationen noch fehlen.« (3)

- Wie stellt sich die Situation konkret dar für
  - die Kinder,
  - die Eltern,
  - die Erzieherin,
  - andere beteiligte Personen?
- Welche Erfahrungen und Kompetenzen bringen die Kinder und die Erwachsenen (Erzieherin, Team, Eltern, andere Personen) ein?
- Was brauche ich, um die Situation besser zu verstehen? (4)

Zur konkreten Situationsanalyse gehört auch, sich das Leben in der eigenen Kita genau zu betrachten: Was ist für Kinder hier besonders wichtig, was ist gut für sie und was könnte verbessert werden?

In solchen konkreten Analysefragen steckt meist auch etwas davon, was mir als Erzieherin wichtig ist. So untersuche ich zum Beispiel Möglichkeiten für entdeckendes Lernen, wenn ich den Eindruck habe, das könnte vielleicht doch etwas zu kurz kommen, oder frage danach, inwiefern Selbst- und Mitbestimmungschancen tatsächlich gelebt werden und nicht nur im Konzept stehen. Aber auch offene Fragen wie »Was können Kinder hier tun und erleben und was nicht?« können helfen, Unerwartetes zu bemerken.

Ziel: Handlungsfähigkeit

Welche Schlüsselsituationen sich eignen, aufgegriffen zu werden, ist unter anderem davon abhängig, welche Handlungsmöglichkeiten für Kinder in der Bearbeitung stecken: Welche Chancen, sich selbst als aktives Subjekt zu erleben, sind gegeben, welche Erfahrungen in Kooperation oder Auseinandersetzung mit anderen sind möglich und welche Sachkompetenzen können Kinder erwerben. Die drei Ziele des Situationsansatzes – Autonomie, Solidarität und Kompetenz – sind Kriterien dafür, ob eine Lebenssituation eine ist, die als Kindersituation bearbeitet werden kann.

Handlungsfähigkeit als Perspektive für das Aufgreifen einer Situation hat viel mit einem der Väter des Situationsansatzes zu tun, mit Paulo Freire. Für ihn ist der tätige Mensch das Vorbild. Er will aus der Passivität traditioneller Pädagogik ausscheren und zielt auf Veränderung unbefriedigender Realität. Deswegen empfiehlt Freire auch deutlich, bereits in der Formulierung der ausgewählten Schlüsselsituation die Handlungsperspektive anklingen zu lassen, nicht nur eine Problembeschreibung zu notieren. (5)

Kurz und knapp

Aber stopp, nun kommen wir in Richtung Gestaltung von Situationen. Das war nicht unsere Frage. Wenn Sie zum Schluss noch eine kurze und knappe Antwort auf die Frage »Was ist eine Schlüsselsituation« wollen. Bitte schön, hier die Zusammenfassung:

»Bedeutsame Situationen ergeben sich aus dem alltäglichen Zusammenleben der Kinder in der Kita und der Familie sowie aus der gesellschaftlichen Realität, in die die Kinder eingebunden sind. Wir greifen Situationen auf, mit denen sich die Kinder aktuell auseinander setzen, und tragen Themen an die Kinder heran, die für ihr Hineinwachsen in die Gesellschaft unerlässlich sind. Die Bedürfnisse und Interessen der Kinder, ihre Erfahrungen und Sinndeutungen, ihre Fragen und Antworten sind dabei die Hauptsache.« (4)

Oder mit den Worten von Jürgen Zimmer gesprochen: »Situationen werden dann zu Situationen, wenn Sie sie bestimmen, wenn Sie sagen, ›Ich finde, das ist eine‹ oder ›Das könnte eine sein‹, und wenn Sie begründen, warum es eine ist oder sein könnte.« (5)

»Bin ich jetzt überflüssig?«

Viele Erzieherinnen glauben, wenn so viel auf die Bedürfnisse der Kinder eingegangen wird, wenn sie gar keine Angebote mehr machen »dürfen«, dann wären sie überflüssig. Das Gegenteil ist der Fall. Sie sind weiterhin als Impulsgeberin gefragt. Als Beobachterin, als Fachkraft, die die Lebenssituation der Kinder einschätzen kann und ihre Arbeit darauf abstimmt.

Und außerdem: Kinder können nicht alles aus sich heraus schöpfen. Sie brauchen Erwachsene, die sie liebevoll und Anteil nehmend begleiten. Die ihnen Möglichkeiten bieten, Fähigkeiten und Fertigkeiten zu üben und sie sinnvoll einzusetzen. Auch klassische Angebote sind in diesem Zusammenhang nicht völlig überflüssig. Kinder, die z.B. nicht schneiden können, keine Erfahrung mit Farben oder Materialien haben, brauchen Gelegenheiten und Anregung. In einer Einrichtung, die nach dem Situationsansatz arbeitet, kann es durchaus Übungstische geben, an denen Fertigkeiten erlernt werden können.

Irmgard Wagner

Wer bestimmt, was wichtig ist? Die pädagogische Bedeutung von Randzeiten

In der Dienstplanung einer Kindertagesstätte gibt es Zeiten im Tagesablauf, die oftmals als so genannte Randzeiten bezeichnet werden. Es sind Zeiten wie Frühdienst, Mittagsdienst und Spätdienst. Bei der Frage der Planung, wann wie viele ErzieherInnen für die Arbeit mit Kindern in den Kindergruppen arbeiten sollten, sind diese Zeiten eher Zeiten, in denen wenige MitarbeiterInnen im Haus sind. Hinzu kommt, dass durch die Organisation von Schichtdiensten oftmals unterschiedliche Personen eingesetzt sind. Diesen Zeiten wird oftmals nicht die Bedeutung zugesprochen, die sie aber für Kinder haben. Es sind Zeiten des Kommens und Gehens, des Ankommens und Abschiedes, des Zur-Ruhe-Kommens und Auftankens von neuen Kräften. Auch bei Überlegungen, wie und wann finanzielle Einsparungen vorgenommen werden könnten, stehen gerade diese Zeiten immer wieder zur Diskussion. Da gibt es Verhandlungen, ob es nicht langt, wenn nicht schon Fachkräfte im Haus und wie viele Kinder als eine Gruppe zu zählen sind. Manchmal wird sogar argumentiert, es seien keine »pädagogischen Zeiten«, und deshalb wird ihnen wenig Bedeutung zugesprochen.

Begleiten wir Kinder durch einen Tag in der Kindertagesstätte, so werden wir bald sehen und spüren, wie wichtig der Anfang eines Tages, die Gestaltung der Mitte eines Tages und das Abschiednehmen mittags oder nachmittags für die Kinder ist.

Oder halten wir selbst ein wenig inne und registrieren an unserem eigenen Tagesablauf, wie bedeutsam Anfänge, Ruhepausen und Schlussrunden in unserer Arbeit sind. Dabei merken wir, wenn wir mit anderen Menschen sprechen oder zusammenleben, wie unterschiedlich wir diese Zeiten für uns gestalten. Was mir gut tut, muss nicht für meinen Partner, meine Arbeitskollegin oder Freundin zutreffen. Es lohnt sich also, diese so genannten Randzeiten genauer zu betrachten und aus ihrer so genannten Bedeutungslosigkeit zu holen.

Ankommen in einer Kindergruppe

Bevor Kinder im Kindergarten ankommen, ist schon einiges vorausgegangen. Je nach Familiensituation erleben die Kinder die Morgenzeit als eine Zeit, in der alle Familienangehörigen sich bereitmachen, um das Haus zu verlassen, um zur Arbeitsstelle, zum Studium, zur Ausbildungsstätte, zur Schule, zum Kindergarten, zur Tagesmutter zu eilen. Die einen sind bereits am Morgen munter und sprühen vor Tatendrang, die anderen versuchen mühsam die Augen aufzubekommen und möchten ganz gemächlich den Tag beginnen. Je nach Erfahrungen am Vortage sind die Familienmitglieder positiv oder negativ gestimmt, wenn sie an den bevorstehenden Tag denken. Andere Familiensituationen gestatten es, den Tag je nach Bedarf in aller Ruhe zu gestalten. Hier kann jeder seinen eigenen Bedürfnissen nachgehen und dennoch hat jeder Tag seine Gestalt. Wir wissen es zu genau, wenn wir Urlaub haben und wir den Tag so gestalten können, wie es dem eigenen Rhythmus entspricht, entsteht ein ganz anderer Tag und wir erhalten Raum und Zeit für neue Aktivitäten, Ideen und Gestaltungsmöglichkeiten.

Jeder Morgen beginnt für Kinder mit einem Abschied von der Familie und mit dem Ankommen in der Gruppe. Vielleicht hatte eines gestern Streit mit seinen Freunden und weiß nicht genau, wie es diesem Streit begegnen soll. Oder es hat mit einigen Kindern in der Gruppe ein Holzhäuschen im Garten gebaut und freut sich schon, dieses weiterzugestalten, und hat hierzu viele Ideen. Vielleicht hat es aber auch schlecht geschlafen und fühlt sich nicht ganz wohl und braucht etwas Zeit für sich allein, um in aller Ruhe zu überlegen, was es heute gerne spielen, gestalten, singen, anschauen oder planen möchte. In einer Kindergruppe erlebte ich eine anregende Runde, die zeigt, wie wichtig es für Kinder, Eltern und ErzieherInnen ist, sich am Morgen in den Blick zu nehmen. Wichtig ist mir dabei, dass die Ankommphase nicht nur als ein Registrieren, wer alles da ist, verstanden wird, damit ich gemäß der Aufsichtspflicht das Erforderliche getan habe.

Frau Schmidt trifft sich mit ihrer Kindergruppe in ihrer Gesprächsecke. Alle schauen sich an, bemerken, wer fehlt, ob jemand weiß, warum ein Kind fehlt. Es wird berichtet, wie es Karin geht, die nun schon eine Woche im Krankenhaus ist. Einige überlegen, ob sie Karin einen Brief schreiben wollen. Frau Schmidt hat heute einen Ausschnitt von der Geschichte des kleinen Hobbit mitgebracht, in dem eine »Guten-Morgen-Szene« Thema ist. Nun überlegen alle Kinder und Frau Schmidt, was denn an einem »Guten-Morgen-Gruß« gut ist und ob denn der Tag wirklich gut wird und was es ausmacht, dass ein Tag für alle Kinder gut wird, und was man denn sagen würde, wenn der Tag gar nicht gut ist. Die Kinder beginnen zu fabulieren und zu experimentieren. Susanne erzählt, dass in Tirol, wo sie mit den Eltern Urlaub machte, die Leute »Grüß Gott« sagen. Frau Schmidt hat auch ein Buch aus Afrika mitgebracht, in dem erzählt wird, dass hier die Menschen sich zur Begrüßung nicht die Hand geben. Nana aus Thailand erzählt, dass in ihrem Land die Menschen ganz andere Begrüßungsriten kennen, und zeigt, wie man sich in ihrer Familie begrüßt, damit der andere sich willkommen fühlt. Und Ayscha erzählt, dass in ihrem Land immer frisches Wasser bereitsteht, um Gäste zu empfangen. Nun beginnen die Kinder sich unterschiedliche Begrüßungsformen auszudenken, was sie alles sagen können und was sie tun können, um zu zeigen, ich habe dich gesehen, du bist willkommen.

In der Gruppe von Frau Schmidt haben die Kinder sogar für sich selbst eigene Begrüßungsformen entdeckt und Frau Schmidt kennt sie alle. Es ist eine sehr vertraute Beziehung zwischen den Kindern entstanden. Die unterschiedlichen Begrüßungsrituale geben Kindern das Gefühl, eine eigene Person zu sein. Und hin und wieder überlegen sie, ob es auch einen Gruppengruß geben kann. Es ist also nicht unwichtig, wie ein Tag im Kindergarten beginnt und ob Kinder und Eltern spüren, »wir sind willkommen« und »wir werden erwartet«. Hier eine Szene, die ich vor einigen Tagen beobachten konnte:

Maria betritt gerade mit ihrer Mutter den Kindergarten. Im Flur vor ihrem Gruppenraum bleiben sie stehen. Ich höre, wie die Mutter Maria ein Gedicht vorliest, welches auf einem schön gestalteten Schild steht. Es heißt:
Zum Geburtstag
Es klopft bei dir an deiner Tür,
es klopft bei dir, poch, poch.
Drum rufe laut: »Herein, tritt ein!«
Wer kommt da? Du sprichst: »Och,
wie ist der klein!« Der kleine Mann
mit seiner großen Tute,
er bläst für dich das schöne Lied:
»Ich wünsch dir alles Gute!«
von Josef Guggenmos

Maria hört aufmerksam zu und sieht weder andere Kinder noch Erwachsene, die ebenfalls den Kindergarten betreten. Die Mutter schaut Maria erwartungsvoll an und Maria strahlt, ja sie scheint soeben mindestens zehn Zentimeter zu wachsen. Sie ist geehrt, sie spürt, heute steht sie im Mittelpunkt und ihre ErzieherInnen haben an sie gedacht und erwarten sie. Inzwischen bleiben auch die anderen Kinder und Eltern aus ihrer Gruppe stehen und erfahren, Maria ist heute fünf Jahre geworden – ein wunderbarer Tag kann beginnen. Auch der Mutter von Maria ist anzumerken, dass sie sich freut: Mein Kind wird hier gesehen und ich kann beruhigt zur Arbeit gehen.

Eine andere Szene zeigt ebenfalls, wie wichtig es ist, dass die Kinder spüren, dass sie erwartet werden und gern gesehen sind:

Mathias hat nicht gut geschlafen, es geht ihm nicht gut und er sieht müde aus. Der Vater bringt Mathias immer vor der Arbeit zum Kindergarten. Meistens nimmt er sich Zeit, noch ein wenig im Gruppenraum zu verweilen, damit der Abschied von seinem Sohn in Ruhe geschehen kann und auch er sich innerlich auf seine Aufgaben einstimmen kann. Heute erzählt er der Erzieherin, dass er nicht weiß, warum Mathias so unausgeglichen und traurig ist. Vielleicht hat er sich erkältet und die ersten Vorboten melden sich. Mathias hängt sich an seinen Vater und will ihn nicht gehen lassen, jetzt brauchte er seine Nähe; aber die Zeit drängt und Mathias' Vater muss gehen. Er schaut unsicher und besorgt. Im Gruppenraum gibt es eine kuschelige Höhle mit weichen Kissen, angenehmem Licht und wenn man will, kann man sich schöne Musik anhören. Es gibt eine Auswahl von Lieblingsmusiken der Kinder, die sie auch über einen Kopfhörer hören können, um die Musik ganz allein für sich zu genießen. Dort gibt es Stofftiere, eine Auswahl schöner Steine und kleiner Bilderbücher mit Geschichten, die trösten, Mut machen, aufmuntern. Wenn ein Kind will, liest die Erzieherin die Lieblingsgeschichte vor oder sie ist auch nur da, um nah beieinander zu sein und sich so langsam in den Tag hineinzureden. Mathias findet hier Raum und Zeit, seinen eigenen Tagesrhythmus zu finden, und der Vater von Mathias weiß, sein Sohn ist gut aufgehoben. Später wird er anrufen und sich erkundigen, wie es ihm geht, und einen Gruß an Mathias ausrichten lassen.

So ein Tagesbeginn gibt Kindern die Möglichkeit, einen guten Start zu haben und ihren eigenen Rhythmus zu finden. Es ist nicht so wichtig, dass die Kinder alle zur gleichen Zeit ein Angebot wahrnehmen, sondern sie können in Ruhe überlegen, was ihnen gerade heute bekommt und mit was und mit wem sie sich beschäftigen wollen oder ob sie an diesem Tag nur für sich Zeit brauchen. Hat ein Kindergarten viel Raum oder viele Ecken im Haus zur Gestaltung, dann bietet es sich an, einen eigenen Raum für ruhige und besinnliche Erfahrungen einzurichten. In einigen Kindergärten wurde die Idee des Snoezelen-Raumes aufgegriffen.

Die drei Beispiele zeigen, dass die täglichen Ankommsituationen eine wichtige Bedeutung haben. Erinnern wir uns, wie wir gerne unseren Tag beginnen und was uns hilft, einen positiven Einstieg in unsere Vorhaben zu erhalten. Erinnern wir uns, was uns eine Arbeitsstelle, ein Besuch bei einer befreundeten Familie, ein Besuch eines Restaurants oder eines Geschäftes angenehm empfinden lässt. Aus der Beratungsarbeit weiß ich, wie wichtig Anfänge im Leben eines Menschen sind, denn sie geben, je nachdem, wie sie gestaltet sind, Vertrauen und Sicherheit. Anfänge können uns ermuntern oder abschrecken. Es gibt Orte, die wir nie mehr betreten, weil die Atmosphäre und die Menschen signalisieren, hier bist du nicht gern gesehen. Und es gibt Orte, die wir immer gerne wieder aufsuchen, weil sie uns in unserer Entwicklung unterstützten und die Menschen zu uns eine zugewandte Beziehung aufnahmen. Kinder brauchen solche Orte, wo sie ausprobieren können, in eine Gruppe hineinzufinden und zu Menschen Kontakte und Beziehungen aufzubauen. Sie brauchen diese Orte auch, um selbst eines Tages GastgeberInnen, Freunde, Kollegen/Kolleginnen sein zu können, die Räume und Situationen des Wohlbefindens gestalten.

Gestaltung der Tagesmitte

Anders als der Morgen gestaltet sich die Tagesmitte im Kindergarten. Die Kinder haben viel erlebt, einige sind müde und erschöpft, andere sind aufgedreht und möchten weiter ihrem Spiel nachgehen. In den Kindertagesstätten mit Ganztagsbetreuung kommen einige Eltern, um ihre Kinder abzuholen. Einige Kinder werden nach der Mittagspause wiederkommen. Die anderen Kinder bleiben im Kindergarten, essen und ruhen sich aus, bevor sie dann am Nachmittag den Kindergarten verlassen werden.

Dies ist in vielen Kindertagesstätten eine hoch sensible Zeit. Für die einen Kindergartenschluss und für die anderen der Beginn einer neuen Phase im Tagesablauf. Hier ist oft auch ein Wechsel bei den ErzieherInnen vorgesehen. Also ein wirklicher Schnitt im Tag, der gut geplant und überlegt sein will. Einige Beobachtungen in Kindertagesstätten sollen zeigen, welche Ideen Kindern, Eltern und Erzieher/Erzieherinnen helfen, diese Situation zu gestalten.

Kurz vor Mittag treffen sich die Kinder in ihrer Gruppe, in ihren Bezugspunkten oder kleinen Gesprächsrunden mit den Erziehern/Erzieherinnen. Es ist die Zeit, sich erneut in Blick zu nehmen, zu erzählen, was besonders schön war, was geärgert hat, womit man unzufrieden ist, was man hergestellt hat, was unbedingt bis zum Nachmittag oder nächsten Tag stehen bleiben soll, welches Spiel noch einmal gespielt werden soll. Es ist auch die Zeit, in der die ErzieherInnen Kindern zeigen können, dass sie gesehen haben, an was sie gearbeitet haben, was sie bereits können und was sie sich vornehmen, am Nachmittag oder am nächsten Tag zu Ende zu bringen.

Die Kinder lernen in dieser Runde, den Vormittag Revue passieren zu lassen, sie lernen, sich zu erinnern und vorauszuplanen. Sie entdecken, dass sie den Nachmittag und den nächsten Tag mitplanen und mitbestimmen können. Sie erfahren, dass sie sich in Ruhe auf einen nächsten Abschnitt einstellen können. Und sie erleben, dass sie MitgestalterInnen sind und das Geschehen am Tag beeinflussen können.

Seit einiger Zeit war Frau Müller nicht zufrieden, wie die Mittagszeit verlief. Alle waren angespannt, unruhig, gereizt, aufgedreht, müde und unzufrieden. Die Kinder waren laut, konnten nicht ihren Platz finden, wussten nicht, was sie tun sollten, konnten sich schlecht orientieren. In einer Extra-Konferenz mit den Kindern, die unter Mittag im Kindergarten bleiben, traf sich Frau Müller im Nebenraum. Sie fragte die Kinder, was ihnen in der Mittagszeit gefällt und womit sie unzufrieden sind. Die Kinder waren erst sehr hilflos, auf diese Fragen Antworten zu finden. Langsam stellte sich heraus, dass es ihnen nicht leicht fiel zu sehen, dass einige Kinder den Kindergarten verließen. Dadurch entstand eine Zeit, die sie nicht zu füllen wussten. Sie wussten nicht, wohin sie nun gehören. Die Mittagessensrunde war sehr unbeliebt, da es ungemütlich war. Es gab keinen eigenen Ort und die anschließenden Möglichkeiten des Ausruhens oder Spielens fanden sie wenig attraktiv. Sie beschlossen am nächsten Tag eine zweite Extra-Konferenz einzuberufen und Frau Koch, die Hauswirtschaftskraft, einzuladen. Gemeinsam planten sie nun, jede Woche einmal mit Frau Koch zu reden, welche Gerichte auf den Essensplan kommen sollten. Mit einer Berufspraktikantin begannen sie einen gemütlichen Ort für das Mittagessen zu finden. Sie planten, abwechselnd einen Tischdienst zu übernehmen, der den Tisch deckt und überlegt, wie ein Tisch ansprechend gestaltet werden kann. Einige Kinder wünschten sich das Essen selbst zu nehmen. Einige Kinder überlegten mit der Praktikantin, ob sie ein neues Tischlied, einen Reim oder ein Tischgebet finden oder erfinden. Eine andere Gruppe überlegte sich, wie die Ruheecke im Mehrzweckraum oder in einem eigenen Raum gestaltet werden kann, dass sie Lust haben, dort zu ruhen, zu schlafen, zu träumen. Die Kinder überlegten mit der Erzieherin, welche Geschichten, Bilderbücher dort gehört und betrachtet werden können und welche Musik sie gerade hier mögen. Und eine dritte Gruppe überlegte mit der Erzieherin, die zur Mittagszeit kam, welche Spiele gerade in dieser Zeit angenehm sind und welche Orte es gibt, wo sie jetzt gerne sein möchten.

Die Kinder erleben hier, dass sie und die ErzieherInnen eine unangenehme Situation gemeinsam überdenken und für alle eine zufrieden stellende Lösung finden können. Sie erfahren auch, dass sie mit der Hauswirtschaftskraft in Kontakt kommen können und dass sie teilhaben können an der Planung des Essens und je nach Essen auch beim Einkauf, der Zubereitung helfen können. Kinder lernen Zeiten des Ausruhens und des Essens zu genießen und zu gestalten.

Abschied bis zum nächsten Tag

Abschied nehmen will gelernt sein. Manche versuchen diesen Situationen aus dem Weg zu gehen und merken bald, dass etwas unerledigt bleibt. Der Abschied bis zum nächsten Tag ist eine Möglichkeit zu lernen, was heute war und morgen sein kann. In unserem Leben erleben wir vielfältige Abschiedszenen. Der Tag des Kindes und der Eltern ist geprägt vom Zusammensein in unterschiedlichsten Gruppierungen. Abschied von einer Spielgruppe im Kindergarten, Abschied von den Eltern und den Geschwistern, Abschied von Freunden, Abschied aus einer Kollegen/Kolleginnenrunde, ein Projekt beenden. In der Regel sind es Situationen, die sowohl Abschied als auch Wiedersehen beinhalten. Aber es gibt auch Situationen des Abschiedes, die ein Wiedersehen ausschließen.

Damit Kinder auch einen endgültigen Abschied bewältigen können, hilft es, wenn sie dies in täglichen Ritualen üben. So wie am Morgen das Willkommen seine Bedeutung hat, ist nun das Abschiednehmen ein wichtiger innerer Schritt. Die Kinder haben im Kindergarten ihre Erlebnisse gesammelt, seien sie heiter, traurig, fröhlich, ausgelassen oder auch bedrückend. Es ist die Aufgabe der Erzieherin, den Kindern die Gelegenheit zu geben, sich voneinander zu verabschieden. Auch sie selbst hat die Möglichkeit, Kindern etwas von sich selbst mitzugeben, ihre guten Gedanken und Wünsche, die Freude, sie am nächsten Tag wieder zu sehen, sich miteinander zu verabreden, etwas gemeinsam zu planen und den Kindern mitzuteilen, falls sie selbst am nächsten Tag nicht da ist. Für Kinder ist es wichtig zu wissen, dass sie aneinander denken können und dass es dafür auch eine bestimmte Sprache gibt.

In der Kindergruppe von Frau Freund war zu beobachten, dass die Kinder kaum Spielgruppen auf längere Zeit bildeten. Die Kinder schauten nur auf ihr eigenes Spiel und nahmen kaum wirklichen Kontakt zu anderen Kindern und Erziehern/Erzieherinnen auf. Beziehungen wurden nur geknüpft, um eigene Interessen zu verwirklichen. Die Kinder hatten wenig Spaß an gemeinsamen Unternehmungen. Ein Gefühl für die Grup-

pe war nicht vorhanden. Frau Freund beschloss, mit den Kindern eine Tagesabschlussrunde einzuplanen. Es war ihr wichtig, dass dies in einer Zeit geschah, wo nicht dauernd die Kinder aus der Gruppe geholt wurden. In diese Runde brachte Frau Freund eine Geschichte ein, die davon erzählt, »wie es ist, wenn ich dich morgen wieder treffe und wieder sehe«, und was geschieht, wenn alle den Kindergarten verlassen haben, wo die ErzieherInnen hingehen, was so über Nacht geschieht und was sich alle gemeinsam für den nächsten Tag vornehmen können. Sie hörte in den nächsten Tagen aufmerksam zu, was die Kinder freute und was ihnen Sorgen machte. Bei der Abschiedsrunde am Kindergartentagesende verabschiedete sie die Kinder mit Guten-Abend-Geschichten, mit Reimen und Versen zu Abschiedsriten, mit Abschiedsliedern, mit einem Gute-Besserung-Segen, mit einem Mutmachlied. Vor einer größeren Kindergartenpause gab sie den Kindern eine kleine Erinnerung mit auf den Weg oder überlegte mit ihnen, was alle zum Wiedersehenstag beitragen könnten.

Die Kinder erfuhren, wie wichtig sie der Erzieherin sind und wie gut es sein kann, Freunde zu haben und zu einer Gruppe zu gehören, die die schönen und traurigen Ereignisse mit einem teilen. Dieses tägliche Üben, sich zu trennen und sich wieder zu sehen, lässt Kinder Ideen entwickeln, wenn sie sich einmal endgültig verabschieden müssen, wenn sie mit den Eltern fortziehen, bald die Schule besuchen, wenn die Eltern sich trennen, wenn ein Freund sich verabschiedet und wenn eine liebe Person stirbt und nicht mehr bei ihnen sein kann.

Abschied muss gelernt sein, wenn das Leben miteinander gelingen soll.

»Hurra, wir haben eine Situation!«

Ein Kind kommt ins Krankenhaus. So bedauerlich das für das Kind ist, manch eine Erzieherin ist froh, endlich eine bedeutsame Situation gefunden zu haben, zu der sich auch gleich auf veröffentlichte Erfahrungsberichte und Anregungen zurückgreifen lässt. Im Prinzip ist auch gar nichts dagegen zu sagen, dass Sie sich auf bereits erprobtem Terrain in ein Projekt mit der Kindergruppe vortasten. Schließlich führt nur Übung zur Meisterschaft. Dennoch sei hier der kleine Hinweis erlaubt, dass das »Kind im Krankenhaus« nicht unbedingt die bedeutsame Situation für die Gruppe ist. Genauso gut könnte die Situation der Gruppe durch Themen wie »Unser Spielanführer ist weg« oder »Komisch, keiner stört mehr« gekennzeichnet sein. Wenn das so ist, wird das Thema »Kind im Krankenhaus« beschwerlich laufen oder gleich versanden. Lassen Sie sich davon nicht entmutigen, sondern nehmen Sie diese Erfahrung als Herausforderung. Auch das Erkennen von bedeutsamen Lebenssituationen braucht Übung.

So machen es die anderen – Situationsansatz in der Praxis 2

Sieglinde Mühlum

Ich suche einen Freund

Zusammenfassung der Situationsanalyse: Der Beginn im neuen Kindergartenjahr kann auch zu ganz anderen Situationen führen als die in dem Projekt »Neuanfang« beschriebenen. Diesmal sind für die neuen und für die alten Kinder Probleme und Situationen aufgetaucht, mit denen sie erst umgehen lernen müssen.

Die neuen Kinder entdecken den Kindergarten, lernen andere Regeln kennen, machen erste Gruppenerfahrungen und verkraften die Loslösung von der Mutter. – Für die alten Kinder entstehen dadurch Probleme, dass die Kinder, die bisher Orientierung für sie waren, von denen sie Hilfe und Spielanleitungen bekamen und zu denen teilweise sehr enge Freundschaften bestanden, jetzt in der Schule sind. Auch reagieren sie den neuen Kindern gegenüber oft eifersüchtig, weil sie ihre eigene Position noch nicht gefunden haben. Einigen wenigen Kindern gelingt es aufgrund ihrer Erfahrung, ihres Reaktionsvermögens, eine Führungsrolle mit überhöhtem Machtanspruch zu erreichen.

Vor diesem Hintergrund entstehen Konkurrenzkämpfe, die mit Kummer und Enttäuschungen verbunden sind. Daneben gibt es Kinder, die über einen längeren Zeitraum eine negativ besetzte Rolle einnehmen und dadurch Schwierigkeiten haben, sich in die Gruppe zu integrieren und Freunde zu finden. Das gilt gleichermaßen auch für Kinder mit sehr unauffälligem Verhalten.

Beobachtungen haben gezeigt, dass manchmal Kinder von der Erwartung ausgehen, Eltern oder Erzieherinnen könnten ihnen Freunde besorgen. Wir meinen:

Freundschaften lassen sich weder verordnen noch erkaufen. Sie müssen sich entwickeln und müssen gepflegt werden. Man muss etwas dafür tun, geben und nehmen können, sich einordnen und zur rechten Zeit führen können, gegenseitig Fehler und Schwächen tolerieren können.

Beobachtung: Im August besteht unsere Gruppe eigentlich aus zwei Gruppen. Da sind die alten Kinder, die eng zusammenhalten und die Neuen einfach übersehen, und die Gruppe der neuen Kinder, die ihnen verunsichert gegenüberstehen und die Erwachsenen oft brauchen. Einige alte Kinder vermissen ganz offensichtlich die Schulkinder. Besonders M. trauert seinem Freund nach, er hat zu anderen alten Kindern kaum Beziehungen.

»Meinst du, du kannst immer neben Frau Mühlum sitzen?« – »Sabine, kochst du mit uns?« – »Spielst du mit mir?« – Solche und ähnliche Bemerkungen von unseren älteren Kindern sind fortwährend zu hören. Sie haben das Bedürfnis, die gleiche Fürsorge zu genießen wie die »Anfänger«, zum Beispiel hochgenommen werden, an der Hand geführt werden und so weiter.

Eifersüchtig? Unsere alten Kinder legen alles darauf an, uns Erwachsene in Trab zu halten. Da gibt es Sonderwünsche, zum Beispiel wollen die Kinder jeden Tag kochen und dann Restaurant spielen, müssen vom Urlaub erzählen, wollen vorgelesen bekommen, wollen im Stuhlkreis unbedingt neben uns sitzen.

Angebot: An dieser Stelle bieten wir wieder das Bilderbuch »Oskar und die Mitternachtskatze« von H. Brooks und J. Wagner an (siehe auch Projekt »Neuanfang in der Gruppe« Seite 30).

Reaktion: »Bei mir ist es manchmal auch so, dass ich die Mama für mich alleine haben möchte«, erzählt ein kleiner Junge. Ein anderer Junge, der einen kleinen Bruder hat, meint: »Wenn ich der Hund wäre, würde ich die Katze beißen!« Dagegen meint ein Einzelkind: »Es müsste schön sein, die Katze kennen zu lernen, dann hätte man auch mal jemand anderen zum Spielen.« Andere Kinder meinen: »Man muss schließlich auch die arme Katze verstehen, die um das Haus herumschleicht und niemand hat!« – »Der Katze geht es schlecht« und »Man kann mehr wie einen lieb haben«.

An diesen und anderen Äußerungen wird deutlich, wie viel von dem Inhalt des Buches bei den Kindern ankam: »Es geht ja wohl nicht, dass Sabine und Frau Mühlum zwei Kinder auf dem Schoß haben zum Trösten.«

Angebot: Gespräche über die Kinder, die nicht mehr da sind und »Wie sind die neuen Kinder und was ist euch aufgefallen?« Nachdem wir Erwachsene gemerkt hatten, wie viel Trauer und Heimweh durch das Weggehen der Schulkinder bei unseren »alten« Kindern entstanden war, erschien es uns unbedingt notwendig, das aufzuarbeiten. Wir denken, dass sie über das verbale Äußern ihrer Situation auch eher den Zugang zu den neuen Kindern finden würden. Es ist wichtig, den Kindern zu vermitteln, dass wir Verständnis für ihre Lage haben und ihre Sorgen ernst nehmen. Es ist anzunehmen, dass zumindest einige Kinder Abschiednehmen und Neuanfang zum ersten Mal bewusst erleben. Durch das Bewusstwerden der eigenen Emotionen kann sich Sensibilität für andere erst entwickeln.

Reaktion: Ganz allmählich konnten die alten Kinder ihre Trauer über den Weggang der Schulkinder äußern. Immer mehr Erinnerungen wurden ausgegraben, es war so, als hätten sie geradezu darauf gewartet. Das sollte auch ins Tagebuch geschrieben werden. Der Vergleich zur Gruppensituation jetzt entwickelte sich ganz selbstverständlich. Es war ungeheuer verblüffend, wie viel unsere alten Kinder von den Neuen aufgrund eigener Beobachtungen wissen und wie sie sie einordnen und charakterisieren. Zum Beispiel: Nicole beschreiben die Kinder als ein »harmloses« Kind, süß und still, Sandra als lustig und zappelig, Mareike als ein »gutes« Kind, Ulrike als ein schönes, liebes und lustiges Kind, Ilonka als lieb und nett, Christiane als noch viel »harmloser« als Nicole, aber lieb und mit Erwachsenen redet sie schon. Fabienne ist lieb und nett, auch ein »harmloses« Kind, Martin meint immer, er kann etwas nicht und ist lustig, Peter ist ein Frechdachs, aber ein lustiger! Das sind die Feststellungen der Kinder.

Beobachtung: Die Großen beobachten die Neuen sehr genau, schmunzeln über Sprechweisen. Sie finden die neuen Kinder »süß«, passen auf, dass sie auch etwas von den Köstlichkeiten abkriegen, die fast jeden Tag gekocht werden. Sie helfen den Kleinen im Stuhlkreis still zu sitzen, indem sie sich sehr bewusst neben bestimmte Kinder setzen. Oft erzählen sie von ihren eigenen Anfangsschwierigkeiten und was geholfen hat, damit fertig zu werden. Es ist ihnen dabei sehr wichtig, von uns beobachtet zu werden und mit uns darüber zu reden.

Angebot: Gesprächsrunde: Wie kann den neuen Kindern das Eingewöhnen leichter gemacht werden? Wir denken, wir können Situationen nicht dadurch verändern, indem wir bestimmte Verhaltensweisen anordnen, sondern Kinder müssen durch eigene Überlegungen zu Einsichten kommen. Wichtig war uns in dieser Gesprächsrunde, den neuen Kindern das Gefühl zu vermitteln: Ich werde hier so akzeptiert wie ich bin!

Reaktion: Das Gespräch mit den Großen war sehr aufschlussreich! Sie erinnerten sich an ihre eigenen Anfangsschwierigkeiten, zum Beispiel was geholfen hat, wenn sie sehr traurig waren und weinten, oder warum Kinder überhaupt am Anfang weinen. »Da meint man, die Mama kommt gar nicht mehr.« – »Man weiß ja noch nicht, dass man lieb gehabt wird!« – »Ich hatte keinen Freund!« – »Manchmal hat man auch Angst ohne Mama und Papa!« In diesem Zusammenhang fiel Christiane ein, dass sie immer neben Frau Mühlum sitzen durfte, als ihre Mama im Krankenhaus war, und dass das bei uns immer so sei, wenn eine Mama fehlt. »Das tröstet!« Stefanie findet, »sie trauen sich noch nicht. Auch wenn man sie fragt, ob sie mitspielen wollen, schütteln sie den Kopf.« Die Kinder kamen darauf, dass sie uns Erwachsenen helfen wollen, denn schließlich könnten wir nicht allen neuen Kindern gleichzeitig helfen!

Beobachtung: Große und neue Kinder fühlen sich im Gruppengeschehen noch nicht sicher. Sie haben ihre »Plätze« noch nicht gefunden. Aus diesem Gefühl des »Schwimmens« resultiert wohl der Wunsch, etwas Schönes, Gemütliches gemeinsam zu machen: Teestunde! Die Großen waren sich sicher, Geborgenheit und Wärme zu finden. Sie fühlten sich mit dieser Sicherheit auch stark genug, die neuen Kinder dabei aufzunehmen. – Die Kinder bereiteten alles selbstständig vor: Kuchen und schöne Musik! Es war eine ungemein gemütliche Atmosphäre. Die Kinder genossen das Essen und die Musik. Die Neuen staunten! Eva entdeckte bei den Selbstbildnissen an der Wand, dass manche fröhlich, manche traurig aussahen. Sie machte sich Gedanken nach dem Warum und stellte auch fest: wie die Kinder.

Angebot: Basteln eines Fisches mit Fangbecher aus verschiedenen bunten Papieren gefaltet. Im Zusammenhang mit dem sich allmählich entwickelnden Selbstbewusstsein unserer Großen haben wir uns für diese aufwendige Bastelarbeit entschieden. Daran kann ihnen deutlich werden, zu wie viel Können, Ausdauer, Konzentration und Selbstständigkeit sie im Gegensatz zu den neuen Kindern fähig sind. Das könnte ihnen helfen, noch besser in die Rollen der Großen hineinzuwachsen und zu begreifen, warum die neuen Kinder so viel mehr an Zuwendung und Aufmerksamkeit brauchen, um auch so weit zu kommen.

Reaktion: Bei unseren Großen ist die Großmannssucht ausgebrochen! Es ist ein regelrechter Konkurrenzkampf im Gange, wer am schnellsten, wer am meisten den neuen Kindern hilft. Ständig gibt es deshalb untereinander Ärger und Streitereien. Es gibt Kinder, die sehr engagiert das Gruppengeschehen mitgestalten und deshalb allgemein anerkannt sind. Ein Kind ist der Ansicht: Hier bin ich, hier bestimme ich, ihr müsst mich mögen. Es beklagt sich und leidet auch darunter, dass es keine Freunde hat.

Keinen Freund zu haben wird allgemein als schmerzlich empfunden. Dieses Problem ist auch deshalb so aktuell, weil sie dabei sind, Freundschaften zu knüpfen und ein allgemeines Aussuchen im Gange ist.

Projekt: Ich suche einen Freund

Wir Erzieherinnen stellen fest, dass dieses Thema viele Kinder beschäftigt, und überlegen, welche Qualifikationen die Kinder brauchen, um Freunde zu gewinnen.

- Sich in andere hineinversetzen und mitfühlen, mitlachen, mitweinen können.
- Auf andere zugehen, sich auch auf andere einlassen.
- Eigene Bedürfnisse in Beziehung zu denen anderer setzen.
- Sich anpassen, ohne sich aufzugeben.
- Regeln finden und akzeptieren, die Gemeinsamkeit möglich machen.
- Eigene Gefühle und Bedürfnisse wahrnehmen und äußern lernen.
- Keinen Besitzanspruch an jemanden erheben.
- Die Erfahrung, dass sich Zuneigung und Freundschaft auf mehrere verteilen lässt.
- Das äußere Erscheinungsbild nicht zum alleinigen Kriterium für die Wahl erheben.
- »Freund-sein« nicht als Druckmittel einsetzen.

Freundschaften pflegen heißt unter anderem auch, Einladungen und Gegenbesuche, kleine Aufmerksamkeiten, zur rechten Zeit ein nettes Wort. Wir meinen:

> Der Kindergarten ist ein Ort, an dem erste Kontaktversuche und Freundschaften erprobt werden können, denn jedes einzelne Kind hat die Gruppe als Rückhalt, in die es bei Fehlschlägen wieder eintauchen kann und sich angenommen weiß. Enttäuschungen lassen sich so wahrscheinlich leichter verarbeiten.

Eine Auswahl von Anregungen und Aktivitäten, die uns im Rahmen dieses pädagogischen Projektes sinnvoll erscheinen.

Gespräche über folgende Themen:

- Kinder, die nicht mehr da sind.
- Wie sind die neuen Kinder, was ist euch aufgefallen?
- Wie kann den neuen Kindern das Eingewöhnen leichter gemacht werden?
- Einer will immer bestimmen und ist schneller als die anderen.
- Nach Regeln suchen, die den schnelleren Kindern helfen, sich zurückzuhalten.

Einige mögliche Methoden, um das Thema mit den Kinder zu bearbeiten

- Tagebuch schreiben.
- Bildmeditationen, um sich in Stimmungen hineinzuversetzen.
- Rollen- und Puppenspiele zum Thema.
- Die Gruppe besucht die Kinder daheim.
- Einladungen vorbereiten – Einladungskarten herstellen.
- Spiele für Haus und Garten kennen lernen.
  Lieder »Wenn einer sagt, ich mag dich, du …«
  »Ich bin hier und du bist dort …«
  Das böse Wort (*Gedicht von Bollinger*)
- Religionspädagogische Angebote, zum Beispiel Zachäus, Der verlorene Sohn.
- Bilderbücher und Vorlesegeschichten
  Oskar und die Mitternachtskatze
  Büffelmann und Adlerkönig, S. Heuck
  Eifersucht, Eva Erikson
  Hans und Heinz, M. Sendak
  Der kleine Mondbär, Frank Asch
  Richard, Helme Heine.

Beobachtung: Wir sitzen im Stuhlkreis, ein Kind hat Kummer!
Auf Fragen, was denn sei, ob man ihr wehgetan habe, kann sie nichts sagen. Nach einiger Zeit fanden wir heraus, dass es nichts mit Schlagen zu tun hat. Sabine hat

Esther mitspielen lassen (weil sie aufgrund ihres Verhaltens den Kindern gegenüber Kontaktschwierigkeiten hat und oft nicht in Spiele hineingenommen wird). Das war passiert: Esther hat ihr die Spielleitung abgenommen trotz Protest der anderen Mitspieler. Sabine war darüber zutiefst verletzt und enttäuscht, zumal sie sich nicht gegen Esther durchsetzen konnte. Die Kinder entdecken, dass man wehgetan bekommen kann, ohne gepetzt, geschlagen oder getreten zu werden!

Angebot: Kinderkonferenz zum Thema »Einer will immer bestimmen und ist immer schneller als die anderen Kinder!« Von dieser Feststellung der Kinder ausgehend, wollten wir in diesem Gespräch nach Lösungsmöglichkeiten suchen. Dabei kam es uns darauf an, ihnen den Grund ihrer »Kräche« bewusst zu machen und über diesen Weg nach Regeln zu suchen, die ihnen helfen, mit ihren Bedürfnissen besser umzugehen.

Reaktion: »Immer will einer bestimmen und immer sind die gleichen Kinder schneller!« Zu dieser Feststellung kamen die Kinder selbst, nachdem sie sich eingehend mit ihren »Krächen« beschäftigt hatten. Ein Mädchen meinte: »Ich habe gar keine Chance!« Gemeinsam suchten wir nach Möglichkeiten, den einen eine Chance zu geben und die schnellen Kinder zu bremsen, ohne dass Erwachsene sich einzumischen brauchen. Zuerst versuchten sie es mit Auszählen. »Aber was ist, wenn einer zweimal ausgezählt wird?« Daran merken sie, dass diese Regel einen Haken hatte. Also ging es weiter! Wichtig war auch zu wissen, wann jeder drankommt. Mein Vorschlag, eine Reihenfolge dem Alphabet nach aufzustellen, wurde eingehend geprüft. Also beschäftigten wir uns erst mal mit dem Alphabet! Es fiel ihnen auf, dass »immer die Ersten die Ersten sind!« – »V und W sind immer zuletzt, K und M immer in der Mitte!« Wir beschlossen deshalb, einmal von hinten mit dem Alphabet anzufangen, eine Liste wurde angelegt. Jeden Tag hat ein Kind Dienst, daher kümmert es sich um die anderen Kinder. Alle Kinder nehmen sich fest vor, dafür zu sorgen, dass das Kind mit Ordnungsdienst auch wirklich »bestimmen« kann.

Kinderkonferenz: Die Kinder überlegten, ob es mit dem Schlüsseldienst fürs Winnetou-Häuschen nicht auch eine Regel geben könnte. Daniel meint: »Der Schlüsseldienst geht rauf – der Ordnungsdienst geht runter!« (Gemeint ist die alphabetische Reihenfolge!) – Sven-Alexander weiß nichts von dieser Liste, weil er nicht da war. Christiane erklärt: »Zum Beispiel Svenja ist ein schnelles Kind. Bevor ein anderes Kind etwas machen will, ist sie schneller.« Manuel erklärt weiter: »Jeden Tag hat ein anderes Kind Dienst. Man sorgt für Ordnung, dass es nicht so laut ist, dass keiner Quatsch macht, dass keiner streitet, dass man tröstet.« Stefanie war erster Ordnungsdienst und erzählt: »Es ging mir gut. Die haben auf mich gehört, aber alles konnte ich nicht sehen, zum Beispiel das mit der Schippe.«

Reaktion: Christina hat Ordnungsdienst und berichtet: »Kaum einer war schneller im ›Bestimmen‹. Die Kinder haben auf mich gehört. Es war mir wichtig, dass die

Kinder schön miteinander spielten. Es hat mir gefallen. Beim nächsten Mal passe ich noch besser auf die Kleinen auf.« – Frau Mühlum meint: »Die Regel hat den schnellen Kindern geholfen, sich zurückzuhalten. Es ist schon erstaunlich! Mareike ist nicht da, an ihrer Stelle wäre Jan heute mit Ordnungsdienst dran. Die Kinder machen sich gegenseitig darauf aufmerksam, ihm eine Chance zu geben.« (Mareike kam später doch noch und für die anderen Kinder entstand dadurch ein Problem. Nicht für Jan. Er erklärt: »Die Mareike kann das ruhig machen!« – Und atmete erleichtert durch!)

Angebot: Warum kommen manchmal Kinder nicht zum Geburtstag, obwohl sie eingeladen sind und erwartet werden? Über diese Erfahrung wollen die Kinder reden.

Reaktion: Die Kinder fanden im Gespräch folgende Gründe:
- Ich weiß den Weg nicht, weiß nicht, wo mein Freund wohnt.
- Manchmal traut man sich nicht, weil man die Eltern nicht kennt.
- Es könnte sein, dass da noch ein großer Bruder ist.
- Man weiß nicht, wo man klingeln muss.

Darauf unser Vorschlag: Wir besuchen alle Kinder zu Hause! Am Stadtplan sehen wir uns die Wege an und teilen ein. Die Hausbesuche werden vorbereitet.

»... keine Türen knallen ...«

Angebot: Die »Hausbesuche« werden vorbereitet. Auf was müssen wir achten und was müssen wir machen, damit unsere Besuche auch den Mamas Spaß machen?

In diesem Zusammenhang halten wir es für unumgänglich, mit den Kindern folgende Punkte zu klären, bevor sie anfangen, unsere Anregungen aufzunehmen bzw. bevor wir anfangen, gezielt an dem Thema zu arbeiten:

- Erwartungen an Gast und Gastgeber.
- Regeln und Ordnungen, die von Familie zu Familie verschieden sind, zu akzeptieren.
- Sich höflich zu verhalten.
- Auf Spielvorschläge eingehen, was gleichermaßen für Gast und Gastgeber gilt.
- Die Frage, *wie* lade ich mir Freunde ein?
- Absprachen und Vorbereitungen.
- Gemeinsames Aufräumen als Notwendigkeit einsehen.

Ausserdem müssen wir vorher Bescheid sagen, freundlich grüßen, Schuhe abputzen, nicht rempeln, keine Türen knallen, nicht auf Möbeln turnen, ordentlich mit den Sachen umgehen, nichts kaputtmachen, die Spielsachen wieder aufräumen, nicht alles antatschen, nicht einfach in alle Zimmer gehen, Bitte und Danke sagen, sich am Ende für die Einladung bedanken? Das und noch viel mehr fiel den Kindern dazu ein. Es wurde beschlossen, Karten für die Benachrichtigungen zu gestalten.

Die Eltern informieren wir darüber, wie sie dieses Projekt unterstützen können:

- Die Wahl der Freunde akzeptieren.
- Erlaubnis zu Einladungen und Besuchen geben.
- Gemeinsam Einladungen und Feste vorbereiten und hinterher besprechen.
- Regeln, die in der eigenen Familie gelten, an die Besucherkinder weitergeben.
- Klar aussprechen, was stört oder Unbehagen auslöst.
- Gutes Verhalten ausdrücklich loben.
- Mit anderen Eltern Erfahrungen austauschen.
- Offen reden, wenn etwas schief ging.
- Sich bei Geburtstagsgeschenken an ein Limit von etwa fünf Mark halten.

Liebe Mama,
morgen möchte ich dich mit meinen Kindergartenkindern zwischen 10.00 Uhr und 11.30 Uhr besuchen! Du brauchst nichts für uns vorzubereiten. Wir wollen dir guten Tag sagen, wollen uns ansehen, in welcher Straße ich wohne und wie die Kinder zu mir kommen können. Vielleicht darf ich mein Kinderzimmer zeigen. Sage, wenn es dir nicht gelegen kommt.

Beobachtung: Gespräche unter den Kindern während dieser Zeit:

– Ins Zimmer meines Bruders könnt ihr aber nicht gehen, der will das nicht!
– Auf unserer Treppe ist es sehr eng, da müsst ihr aufpassen.
– Ich habe ganz toll aufgeräumt.
– Bei uns im Haus ist ein Baby, da müssen wir leise sein.

Reaktion der Kinder: Für die Kinder waren die Besuche sehr wichtig, sowohl für die Besuchten als auch für die Besucher. Sie erfuhren eine Menge voneinander, »Schwellenängste« wurden abgebaut, manche Kinder bekamen einen anderen Stellenwert in der Gruppe, einige Kinder traten deutlicher ins Bewusstsein der anderen. »Ich wusste gar nicht, dass du so nahe bei mir wohnst, da könnte ich dich ja mal besuchen kommen!« – »Den Brief kann ich mitnehmen, ich weiß jetzt, wo er wohnt!« – »Ich glaube, die sind verreist, ich habe gesehen, dass die Rollläden den ganzen Tag unten sind!« Solche und ähnliche Äußerungen teilen uns mit, dass in dieser Aktion handfeste Erfahrungen für die Kinder drinsteckten.

Angebot an die Mütter: Im Flur hängt ein großes Plakat *Wir bitten um Ihren Kommentar.*

Reaktion der Mütter: Und wie ging es Ihnen als Gastgeber dabei?
Bei uns in der Mohrenfamilie löste der Besuch der Kindergartenkinder eine größere Familiendiskussion aus. Fragen wie: »Was wollen die denn alles sehen? Hoffentlich nehmen sie auch nichts mit und fassen nicht alles an!« Antwort unserer Kindergartenkinder: »Wir wissen darüber Bescheid! Wir haben im Kindergarten über alles ge-

sprochen!« Wir fanden die Idee toll und unsere Kinder waren stolz, dass sie ihr Zimmer und da, wo sie mit der Familie wohnen, den anderen zeigen konnten!

Anfangs war ich etwas skeptisch über den Besuch, da unsere kleine Gitte hohes Fieber hatte. Angst hatte ich vor so vielen Kindern und dem unvermeidlichen Lärm, was den »Kleinen« vielleicht erschrecken würde. Ich war umso mehr erstaunt, als die Kinder so leise und verständnisvoll das Haus besichtigten. Dafür muss ich sie alle ganz toll loben.

Ich hörte schon von weitem die angekündigte Kinderschar. Aus all den vielen Kinderstimmen hörte man heraus, wohin jetzt der Besuch ging. Mein Sohn sagte: »Da vorne steht meiner Mama ihr Auto.« Mehr hörte ich nicht, aber aus den Worten hörte ich den Stolz heraus. Hier ist mein Zuhause. Einmal all seinen Kindergartenfreunden sein Zuhause zeigen zu dürfen war schon etwas Besonderes. Für wenige Augenblicke im Rampenlicht zu stehen, bedeutet viel, sehr viel. Auch für mich war der Besuch etwas Besonderes.

»Ausgerechnet der, wo der doch immer so böse ist!«

Beobachtung: Bemerkungen wie in dieser Überschrift und ähnliche Redewendungen machten uns hellhörig. Was wollen uns die Kinder damit sagen? Die Kinder unserer Gruppe beobachten sehr genau unser Verhalten gegenüber Kindern, die Probleme mit sich und anderen haben.

Sie beobachten, dass solche Kinder nach Auseinandersetzungen und anderen Zwischenfällen neben uns Erwachsenen im Stuhlkreis sitzen (was sie irgendwie als Privileg ansehen), auf unseren Schoß klettern, uns in intensive Gespräche verwickeln. Die Kinder bemühen sich, sehr großzügig und tolerant zu sein. Manchmal ist das ganz schön problematisch für sie und die Bemerkung: »Der ist unmöglich und darf dann auch noch zum Geburtstag klingeln!«, ist verständlich.

Angebot: Die Geschichte von Zachäus (Lukas 19, 1–10)
Jesus kam nach Jericho. Dort lebte ein Zolleinnehmer namens Zachäus. Er wollte unbedingt sehen, wer dieser Jesus sei. Aber er war klein und die Menschenmenge versperrte ihm die Sicht. So lief er voraus und kletterte auf einen Baum. Als Jesus an die Stelle kam, schaute er hinauf und sagte: »Zachäus, steig herab, denn ich muss heute in deinem Haus einkehren.« Zachäus nahm ihn mit Freude auf. Die übrigen Leute ärgerten sich darüber. Sie sagten: »Ausgerechnet zu dem geht er, wo der uns immer bestiehlt und betrügt. Zachäus ist ein schlechter Mensch!«

Zachäus sagte zu Jesus: »Herr, ich bin ein Betrüger, aber von jetzt an will ich mein Unrecht wieder gutmachen.« Jesus sagte darauf: »Jetzt wo du das willst, ist Gott zu dir gekommen. Du kannst ihn nicht sehen, aber doch ist er bei dir. Gott freut sich über das, was du gesagt hast.« Zu den Leuten, die vor dem Haus schimpften, sagte er: »Gott hat mich gerade zu solchen Menschen geschickt wie Zachäus, zu solchen, die es nötig haben, dass einer ihnen hilft!«

Reaktion: Diese Geschichte habe ich zweimal angeboten. Beim ersten Mal waren die Kinder nicht bereit, sich auf ein Gespräch darüber einzulassen. Ich nehme an, ihre Erfahrungen waren zu dem Zeitpunkt zu aktuell, um mit Abstand darüber reden zu können. Beim zweiten Mal habe ich die Geschichte als Rollenspiel eingebracht. Die Älteren haben sie den Jüngeren vorgespielt und im Spiel viele Emotionen freigesetzt. Für die Rolle des Zachäus wählten sie einen körperlich kleineren Jungen. Der fühlte sich zunächst in seiner Rolle als Steuereinnehmer sehr stark und spielte seine Machtposition gebührend aus. Als er aber in die Situation des Abgelehnten kam, war ihm mein »Neben-ihm-Stehen« wichtig. Die Mitspieler spürten die Bedrängnis, in der er durch seine Rolle steckte, und fingen an, das Spiel in der Weise zu verändern, als sie zum Beispiel sagten: »Komm, du darfst dich vor mich stellen.« Da kam dann das Argument: »Das geht doch nicht, das ist doch jetzt ein Spiel!« Die Schlussaussage, die ich so wörtlich vortrug, tat allen Beteiligten gut.

Angebot: »Freunde«, ein Bilderbuch von Helme Heine.
Das Bilderbuch handelt von drei Freunden, Franz von Hahn, Jonny Mauser, Waldemar dem Schwein. Sie erleben gemeinsam Abenteuer, stellen allerhand an und machen überhaupt alles gemeinsam. Nur mit dem Schlafen klappt es nicht, weil sie unterschiedliche Bedürfnisse haben. Deshalb beschließen sie, dass jeder in seinem Bett schläft, aber dass dort jeder vom anderen träumen kann und dass auf diese Weise keiner alleine ist. Im Mittelpunkt dieser Geschichte stehen die positiven Aspekte von Freundschaft: Freude und Spaß, viele Ideen entstehen, Verständnis füreinander, man kann aneinander denken, sich am anderen freuen. An einen Freund denken bedeutet, sich nicht so alleine zu fühlen.

Reaktion: Mit am lustigsten war für die Kinder, dass die drei Freunde alles gemeinsam machten, was bei dem Unterschied der Tiere komisch wirkte. Es gab aber auch aus den unterschiedlichen Bedürfnissen heraus Probleme, die die Kinder nachvollziehen konnten. Sie merkten, dass es notwendig ist, individuelle Eigenheiten und Bedürfnisse wahrzunehmen und zu einer für alle Beteiligten akzeptablen Lösung zu kommen. »Weißt du nicht, dass jetzt, wenn das Schwein im Stall schläft, der Hahn und die Maus zusammen auf der Hühnerleiter schlafen können, denn dann ginge das?« – »Aber ob das dem Schwein recht ist?«

Sich befragen

Angebot: Interview-Plakate
Kinder erfragen Einzelheiten voneinander und halten die Ergebnisse auf »Personalbögen« fest, indem sie das Gehörte und Gesehene malen. Durch dieses konzentrierte miteinander Umgehen werden Wahrnehmungs- und Verbalisierungsfähigkeit gefördert. Wir denken, durch das differenzierte Kennenlernen der einzelnen Kinder und wer alles zu deren Familien gehört, könnte Neugier und Mut zu einem Besuch in ei-

ner bisher fremden Familie entstehen. Auf den Plakaten steht oben in großen Buchstaben der betreffende Name, damit die Kinder ihre Namen erkennen können, aber auch die Namen ihrer Freunde. Dadurch können sie z.B. mit den Eigentumsfächern gezielter umgehen, Einladungen einlegen, wieder gefundene Sachen einordnen und vieles andere mehr.

Reaktion: Zunächst suchten sich die Kinder Partner aus, die sie gerne malen und befragen wollten und von denen sie das Gleiche auch gerne wollten. Erstaunlich war die Beobachtung, dass Größere sich auch Jüngere aussuchten und dass durch die entsprechend unterschiedlichen bildnerischen Darstellungen keine Konflikte heraufbeschworen wurden. Diese Toleranz ist eine große Leistung und nicht selbstverständlich. Die richtige Augenfarbe mit Wasserfarben zu mischen, war schwierig. Die Kinder waren dabei sehr konzentriert bei der Sache. Inzwischen wissen sie genau, wer zur jeweiligen Familie gehört: »Wie viele Leute und wie viele Tiere!« Sie sind auch stolz, dass sie ihre Namen wieder erkennen, anderen zeigen und zum Teil selbst nachschreiben können.

Angebot: Wir könnten für unsere Eltern auch einmal eine Teestunde machen!
Dieser Vorschlag kam von den Kindern, als wir uns noch einmal über die Besuche unterhielten. Wir suchten da auch nach einer Möglichkeit, uns bei den Müttern, deren Zeit wir gemeinsam in Anspruch genommen hatten, die auch durch uns zusätzliche Arbeit hatten, zu bedanken. Die Kinder hatten sehr klare Vorstellungen über die Gestaltung. Sie wussten, was sie backen wollten, sorgten für »besonderen« Tee und Musik! Weil zu der Zeit unser Kassettenrekorder streikte, übernahmen drei Kinder die Verantwortung, für Ersatz zu sorgen (Begründung: »Damit auf alle Fälle ein Gerät da ist!). Das klappte toll, wir hatten drei Rekorder! Die Kinder waren über ihre Gastgeberrolle sehr stolz. Wir bedankten uns bei ihnen, weil sie alle die Einladung annahmen. Vielleicht konnten sie sich als Eltern auf diese Weise einen Eindruck verschaffen, was die Teestunde bei den Kindern so beliebt macht!

Beobachtung: »Das mit dem Einladen finde ich blöd! Egal ob ich Gast bin oder selbst einlade, immer muss ich Rücksicht nehmen!« Dieser empörte Ausspruch entfachte eine heiße Diskussion. Fest stand: Einladungen sollen Spaß machen! Die Kinder spielten viele Möglichkeiten durch. Eine sehr salomonische Lösung stellte ein Kind in den Raum: »Einmal bestimmt der und einmal der, man muss abwechseln.« Dann tauchte die Frage auf: »Und wie ist es, wenn ich zu meinem Geburtstag einlade?« Uns schien, dass mit diesem Problem nicht nur die Kinder ihre Schwierigkeiten haben! Auf jeden Fall, das Problem ist noch nicht aus der Welt!

Angebot: Einladungskarten herstellen in Linoldruck-Technik, jedoch mit Styroporplatten. Jedes Kind wählt ein kleinformatiges Motiv. Damit lässt sich eine unbegrenzte Zahl von Karten drucken. Auch auf dem Personalbogen wird es gedruckt, es soll den Kindern helfen, über die bildhafte Darstellung zum Beispiel herauszufinden, wer einen nun einladen will. Wichtige Regel für Einladungen: Absprachen unter Kindern brauchen das O.K. von Mama. Das kann man sich telefonisch auch vom Kindergarten aus einholen.

Reaktion: Für die Einladungskärtchen haben wir folgende Regel herausgefunden: Will ein Kind jemand einladen, holt es ein Kärtchen aus dem Fach, schreibt seinen Namen darauf. Beim Abholen wird die Mutter gefragt. Gibt sie ihr O.K. dazu, darf das Kärtchen weitergegeben werden. Bringt ein Kind nun ein Kärtchen mit nach Hause, erübrigen sich telefonische Nachfragen und Unsicherheiten. Und wie hat es geklappt? Es erwies sich schwieriger als gedacht. Spontane Einladungen gibt es dadurch kaum mehr. Bei der Sache wird deutlich, wie sehr die Kinder daran gewöhnt sind, dass die Erwachsenen alles regeln. Bei einigen Kindern funktioniert es. Wir werden den Kindern ein Bilderbuch vorstellen zum Thema »Einladen«. Es wird für Eltern zum Ansehen auf dem Schrank liegen!

Protokoll vom Müttertreff. Allgemeiner Erfahrungsaustausch zum Thema »Einladungen und Kinder«:

- Den Kindern selbst überlassen, wer eingeladen wird.
- Die besten Erfahrungen mit vier bis sechs Gästen.
- Einladungskarten selbst gestalten (mit den Kindern gemeinsam).
- Einladungskarten vor der Tür verteilen, damit lassen sich Enttäuschungen nicht eingeladener Kinder vermeiden.
- Positiv ist ein gemeinsamer Anfang: Essen, Spiel, Bastelei.
- Nicht zu viele Spielangebote vorgeben, die Kinder auch eine Zeit alleine spielen lassen.
- Nicht jedes Spiel macht allen Kindern gleich viel Spaß.
- Problematisch sind die Geschenke der Gastgeber: Müssen die überhaupt sein, Kinder haben manchmal überzogene Erwartungen.

Allgemeiner Wunsch: Geburtstage einmal anders

- Einen Ausflug organisieren: Picknick, Hallenbad, Museum und Ähnliches mehr.
- Schnitzeljagd mit gemalten Zetteln.
- Kassette besingen und besprechen.
- Bastelangebote.
- Kasperltheater vorspielen.
- Gemeinsam kochen und backen (zum Beispiel Gemüseeintopf, Waffeln, Plätzchen).
- Erinnerungsfoto mit einer Sofortbildkamera.
- Dias oder Film des Geburtstagskindes anschauen.

Worauf Eltern achten sollten:

- Regeln der Gastgeber sind zu achten und zu akzeptieren.
- Darauf achten, dass Geschenke nicht überbewertet werden.
- Kindern helfen, den ideellen Wert eines Geschenkes zu begreifen.
- Dabei sein, wenn die Kinder die Geschenke annehmen und auspacken. »Grenzen setzen« ist auf jeden Fall erlaubt!

Kinderkonferenz, Pinnwand & Co. – mehr als Mittel zum Zweck

Mara Dittmann

Die Kinderkonferenz – nur ein neuer Name für den Stuhlkreis?

Wenige Marksteine im Rahmen des Situationsansatzes lösen so viel Neugier und Abwehr aus wie die Kinderkonferenz. Für die einen ist sie nur ein neuer Name für den Stuhlkreis (»Kenne ich schon, mache ich schon lange!«), für die anderen wegen des Namens eher ein Rätsel (»Was soll denn das schon wieder! Müssen jetzt die Kinder schon Konferenzen machen?«). In den in diesem Beitrag enthaltenen Beispielen wird deutlich, dass die Kinderkonferenz auch und gerade eine Möglichkeit ist, Kinder an der Gestaltung ihres Alltags zu beteiligen. Zunächst der Bericht einer Erzieherin:

»Wir haben im Kindergarten eine kurzfristige Kinderkonferenz einberufen, nachdem es wieder mal auf dem Frühstückstisch und dem Bauteppich fürchterlich aussah und natürlich ›niemand‹ dafür zuständig war. Ich teilte den Kindern mein Anliegen mit und bat sie, sich einmal den Frühstückstisch und den Bauteppich anzusehen. Einige Kinder waren betroffen, andere meinten, sie wären das aber nicht gewesen. Meine Kollegin und ich fragten die Kinder, was sie zu der Unordnung meinen.

Es begann eine lebhafte Diskussion mit den unterschiedlichsten und tollsten Ideen. Ein Junge schlug vor, wir sollten eine Zimmer- und Spielzeugpolizei einführen. Alle waren begeistert und auf die Frage ›Warum?‹ bekamen wir Folgendes zu hören: ›Wir besuchen doch jetzt bald die Polizei und die hilft doch immer und jedem.‹ Die Kinder wollten, dass eine bestimmte Anzahl von Kindern Polizisten sein sollten, die aufpassten, dass alle Kinder ihr Spielzeug und den Frühstückstisch in Ordnung hielten. Die Begeisterung bei den Kindern war groß und jedes wollte Polizist werden. Nun musste eine Regelung dafür gefunden werden. Ein Mädchen meinte, dass sie zu Hause in solchen Situationen immer auslosen. Wir stimmten per Handheben darüber ab und der Vorschlag wurde angenommen.

Einer der kleinen Jungen fragte, ob er auch drankommen würde, wenn er jetzt nicht auf den gezogenen Zetteln ist. Das interessierte auch andere Kinder und wieder suchte die ganze Gruppe nach einer Lösung. Vorschlag der Kinder war, dass nach einiger Zeit gewechselt werden sollte, indem die übrig gebliebenen Namenzettel neu ausgelost werden, so lange, bis jedes Kind einmal dran war. Wenn alle Kinder einmal Polizei waren, möchte die Gruppe eine neue Kinderkonferenz zu dem Thema, um zu sehen, wie das für uns alle verlief.« Heike Kleinschmidt (1)

An diesem kleinen Beispiel kann bereits deutlich werden, wie sehr sich die Arbeit in Kindergruppen in den letzten 50 Jahren verändert hat. Von der Betreuung und Beschäftigung kleiner Kinder ging die Entwicklung hin zu »Eigenverantwortlichkeit und Gemeinschaftsfähigkeit«, wie es zum Beispiel im Kinder- und Jugendhilfe-Gesetz formuliert ist. Auch im zehnten Kinder- und Jugendbericht des Deutschen Bundestages wird klargestellt, dass es inzwischen eine gefestigte Rechtsprechung des Bundesverfassungsgerichts gibt, die Kinder von Geburt an wie Erwachsene uneingeschränkt als Träger aller Grundrechte sieht. Das heißt, dass die Erziehungsverantwortung heute als unbestimmter Rechtsbegriff gesehen wird, »in dessen Natur es liegt, dass seine Auslegung immer wieder neu bestimmt werden muss. ... Dabei muss immer wieder überprüft werden, ob Sichtweisen und Bedürfnisse von Kindern ausreichend berücksichtigt werden. Dies verweist ... auf das Angewiesensein der Kinder auf eine angemessene Berücksichtigung und Auslegung ihrer Rechte.« Ecke-

»Die Kinderkonferenz brauche ich nicht. Wir haben den Stuhlkreis.«

Dass die beiden herzlich wenig miteinander zu tun haben, wird spätestens dann klar, wenn man sich vor Augen hält, wozu sie »erfunden« wurden: der Stuhlkreis, um in großer Runde Spiele zu üben, Lieder zu singen, Geschichten zu erzählen. Für solche Angebote kann er nach wie vor sehr sinnvoll sein. Die Kinderkonferenz dagegen entstand aus dem Bedürfnis, die Kinder an ihrem Kindergartenalltag zu beteiligen, ihnen zu vermitteln, dass sie gehört werden und dass ihre Meinung zählt. Und dass es einen Ort und eine Zeit gibt, in der sie sich äußern können. Lange gab es dafür Bezeichnungen wie Gesprächskreis, Palaverrunde, die alle genauso gut geeignet sind. Der Name »Kinderkonferenz« entstand in Lorsch, als ein kleines Mädchen sagte: »Mein Papi sagt, was wir da machen ist wie eine Konferenz. Und das stimmt ja auch. Wir sind viele Leute, die zusammensitzen und reden.« Seitdem hat sich diese Bezeichnung im Rahmen des Situationsansatzes eingebürgert.

hardt Zühlke (2) In unterschiedlichen Färbungen, je nachdem, ob es sich um einen kommunalen, einen kirchlichen oder einen privaten Träger handelt. Für den Bereich der Evangelischen Kirchen in Hessen und Nassau zum Beispiel sehen die Leitlinien für die Arbeit in Kindertageseinrichtungen vor, dass die Kinder befähigt werden sollen, »sich zu entscheiden, Entscheidungen anderer zu respektieren, gemeinsam zu reden, zu handeln, zu spielen, Konflikte zu lösen oder zu ertragen«. Das lässt sich durchaus als Aufforderung verstehen, demokratisches Handeln zu leben, wenn da nicht das Wörtchen »befähigen« wäre, das genau darauf hinweist, dass jemand anderes für die Befähigung zuständig ist. In der Regel ist das *die Erzieherin*, die an die Vorgaben des Trägers gebunden ist. Zu ihren allgemeinen Aufgaben gehört u.a. die Entwicklung und ständige Überprüfung pädagogischer Zielvorstellungen, die auf die Situation der Kinder bezogen sind. Dazu muss sie Kontakte zu den *Eltern* herstellen, die neben Einzel- und Gruppengesprächen auch über den *Kindergartenausschuss* laufen. Dieser besteht in der Regel aus Elternvertretern, der Leitung der Einrichtung, Personalrat o.Ä. Andere Träger haben *Elternversammlungen* und *Elternbeirat* vorgeschrieben.

Aus dieser Skizze wird deutlich, dass die Rechte des Kindes aus den unterschiedlichsten Blickwinkeln wahrgenommen und interpretiert werden. Die einzelne Erzieherin im Tagesgeschäft ist dennoch weitgehend auf sich selbst gestellt, auf ihr Verständnis von Eigenverantwortlichkeit und Gemeinschaftsfähigkeit. Wenn sie nach dem situationstheoretischen Ansatz arbeitet, findet sie dort eine breite konzeptionelle Begleitung, um die Anforderungen in Praxis umzusetzen.

Wie kann das im Alltag aussehen?

Die eingangs beschriebene Kinderkonferenz ist ein Beispiel dafür, wie Eigenverantwortung und Gemeinschaftsfähigkeit im Alltag unterstützt werden können. Dazu müssen die einzelne Erzieherin und die Einrichtung ein grundsätzlich demokratisches Verständnis von Erziehung haben. Um dem ein wenig nachzuspüren, seien folgende Punkte aufgegriffen. Götz Doyé/Christine Lipp-Peetz (3):

1. Demokratie ist in einem historischen Prozess erstritten worden und unterliegt Veränderungen.
   → Eine Einrichtung, die sich demokratischen Zielen verpflichtet fühlt, muss also ihre kommunikativen Kompetenzen pflegen und erweitern.
2. Demokratie als Staatsform ist drei Grundwerten verpflichtet: Freiheit, Gerechtigkeit und Solidarität.
   → Für eine Einrichtung bedeutet dies, dass sie überprüft, welches Maß an Freiheit, Gerechtigkeit und Solidarität auch in kleinen alltäglichen Dingen bei ihr vorherrscht.
3. Im Alltag zeigt sich, dass auch in einer Demokratie eine Spannung zwischen Anspruch und Wirklichkeit besteht.
   → Wer Widersprüche nicht leugnet und vor ihnen auch nicht resigniert, bringt gute Voraussetzungen mit, um sich nicht entmutigen zu lassen.
4. Demokratie als Lebensform ist eine tägliche und bleibende Herausforderung. Im Alltag benötigt sie Mut, Problembewusstsein und den Willen, sich einzumischen.
   → In der Einrichtung vermittelt sie sich vor allem durch Erleben, Erfahren und Tätigsein. Je jünger die Kinder sind, desto mehr gilt dieser Grundsatz.
   → Voraussetzung ist, dass anderen Menschen mit Achtung, Respekt und Wertschätzung begegnet wird.
   → Zum demokratischen Lebensstil gehören auch äußere Formen, die die Beteiligung der Kinder ermöglichen, ihre Einflussnahme auf das Geschehen in der Kindertagesstätte sichern (zum Beispiel regelmäßige Information von Kindern und Eltern, Kinderkonferenzen …)
   → Die innere Form muss diese äußeren Formen füllen, zum Beispiel dass jedes Kind die Erfahrung machen kann, dass es wichtig ist, dass seine Meinung, seine Gefühle zählen, dass es einen wichtigen Beitrag für die Gemeinschaft leisten kann.

Die innere Form muss der äußeren entsprechen

Solange die Kinderkonferenz in ihren Inhalten dem traditionellen Stuhlkreis gleicht, ist nichts gewonnen. Erst wenn die Kinder sie als *ihr* Redeforum erfahren, als *den* Ort, an dem sie ihre Überlegungen und Nöte äußern können, kann die Kinderkonferenz ihre Funktion erfüllen. Häufig äußern Erzieherinnen, dass sie Missstände ansprechen, die Kinder sich aber gar nicht dafür interessieren. Entweder geben die Erzieherinnen dann frustriert auf oder sie probieren andere Wege aus, um den Kindern die Kinderkonferenz als ihr »Parlament« schmackhaft zu machen. Folgendes Beispiel zeigt, wie mühsam das sein kann:

Als Erstes stellte die Erzieherin die Regeln zusammen, die in ihrer Kindergruppe gelten. Dabei stellte sie erschrocken fest, dass von dreizehn Regeln nur eine Einzige von und mit den Kindern festgelegt wurde. »*Als ich die Kinder nach den Regeln fragte, fiel mir auf, dass die Kinder mir Regeln nannten, die von Verboten und Geboten der Erwachsenen abgeleitet wurden. … Für Kinder sind diese vielen Regeln schwer zu überblicken.*« Als sie die Kinder fragte, ob sie die Regeln in Ordnung fänden, erhielt die Erzieherin keine Antwort. Nach mehrmaligem Nachfragen sagten drei Kinder, dass ihnen alles gefallen würde und dass die Regeln gut seien. Gezielt fragte sie noch einen aufgeweckten Sechsjährigen und erhielt zur Antwort: »Das interessiert mich nicht, mich interessiert nur die Feuerwehr.«

»Ich war sehr erstaunt, aber auch enttäuscht. Ich hatte gedacht, die Kinder würden mir sagen, was sie nicht gut finden. Vielleicht war es zu allgemein und zu viel, nach allen Regeln zu fragen? So erzählte ich den Kindern von einem Erlebnis, um an diesem Beispiel deutlich zu machen, was ich meine.

Carina kam an einem Nachmittag zu mir und fragte, ob sie im Garten mit ihrem eigenen Fahrrad fahren dürfe. Zu diesem Zeitpunkt war niemand im Garten. Ich hätte es ihr gerne erlaubt, aber die Regel lautet: Kinder dürfen nicht mit ihren eigenen Fahrrädern im Garten fahren. Deshalb konnte ich es Carina nicht gestatten. Wir waren beide mit der Entscheidung unzufrieden.

Als ich die Kinder nun fragte, was sie dazu meinen, antworteten zwei Kinder, dass sie die Regel gut finden, konnten ihre Meinung aber nicht begründen. Nach kurzer Überlegung berichtete ich den Kindern, wie die Regel entstanden ist und wer sie festgelegt hat. Wenn alle Kinder mit eigenen und den Fahrrädern des Kindergartens auf der kleinen Außenfläche fuhren, kam es häufig zu Zusammenstößen. Das erschien den Erzieherinnen gefährlich und sie hatten Bedenken, dass die Fahrräder der Kinder kaputtgehen könnten. Deshalb legten sie diese Regel fest.

Die Kinder hörten aufmerksam zu. Dann erzählte ich den Kindern noch, dass an dem Tag, als Carina fahren wollte, gar kein anderes Kind im Garten war und fragte die Kinder, wie sie sich an Carinas Stelle gefühlt hätten. Jetzt sagten zwei Mädchen, dass ihnen das gar nicht gefallen hätte. Andere Kinder stimmten zu. Als ich fragte, ob in einem solchen Fall die Regel vielleicht geändert werden müsste, waren allerdings alle Kinder dagegen.

Diese Gespräche mit den Kindern machten mich sehr nachdenklich. Ich hatte ganz andere Reaktionen erwartet. In letzter Zeit ist es mir ein großes Anliegen geworden, Kinder in Entscheidungen einzubeziehen und ihre Meinungen zu hören. Aber in diesem Beispiel wurde mir bewusst, dass die Kinder so wenig daran gewöhnt sind, dass ihre Meinung zählt, dass sie gar nicht damit rechnen.« Regina Wolf (4)

Die Erzieherin sieht hier noch Arbeit auf sich zukommen und beschließt, zunächst an kleinen aktuellen Punkten die Kinder daran zu gewöhnen, dass sie gefragt sind. Eine andere Erzieherin knüpft an eine konkrete Situation an und begleitet die Kinder bei ihrem Entscheidungsprozess.

»Die Buben werfen den Mädchen vor, immer zu stören. Sie würden tuscheln, lachen und nicht zuhören, wenn einer etwas zu berichten hätte. Die Mädchen waren entrüstet über diese Unterstellung. Sie fragten nach meiner Meinung und ich musste den Buben zustimmen und ihnen erklären, dass es mich auch stört, wenn sie albern und nicht bei der Sache sind. Sie wünschten sich ja auch, dass man ihnen zuhört. Ein Junge machte den Vorschlag, die Mädchen, die immer zusammensitzen, zu trennen. Das löste wiederum heftigen Protest bei den Mädchen aus. Sie würden dies nicht gut finden und die Buben wollten ja auch immer bei ihren Freunden sitzen. Die Jungen ließen sich nicht beirren. In jeder der vier Ecken sollte je ein Mädchen sitzen. Protest von Hanna. Schließlich meldet sich ein Junge und beschreibt, wie schwierig es ist, wenn alle schon dasitzen und die Mädchen über alle Beine klettern müssen. Verschiedene Sitzordnungen wurden diskutiert und verworfen.

Bei diesem Gespräch konnte ich mich weitgehend zurückhalten und die Kinder alleine verhandeln lassen. Durch das Zuhören ist mir plötzlich bewusst geworden, dass die Kinder mir vielleicht etwas mitteilen wollten, und zwar, dass unsere Sitzecke zu eng ist. Als ich nachfragte, haben sie es fast einhellig bejaht. Es sei zu eng, oft habe man keinen richtigen Platz.

Gemeinsam überlegten wir, wie das Problem zu lösen sei. Wir wollten uns weiter in einer gemütlichen Runde treffen. Schließlich kamen zwei Jungen auf die Idee, man solle zwei Kreise anbieten. Einen auf dem Bauteppich und einen in der Kuschelecke. Alle fanden den Vorschlag gut und wir beschlossen, das am nächsten Tag auszuprobieren.

So boten meine Kollegen und ich am nächsten Tag zwei Kreise an. Die Kinder rannten von einem zum anderen, bis sie sich entscheiden konnten. Fast alle Kinder hatten sich für die größere Bauecke entschieden, nur drei für unsere ›alte‹ Ecke. Zwei Dreijährige irrten im Zimmer herum. Die Kinder versuchten, sie durch Zurufen für eine der Runden zu gewinnen. Im Zimmer herrschte Unruhe, Rat- und Orientierungslosigkeit.

Schließlich beschwerte sich ein Junge, dass so wenig Kinder in der einen und so viele in der anderen säßen. Anschließend versuchte er Kinder ›abzuwerben‹. Kein Kind war bereit, seinen Platz aufzugeben. Unverrichteter Dinge ging er in die Kuschelecke zurück. Sein Versuch löste eine Diskussion unter den Kindern aus. Aber wechseln wollte nie-

»Partizipation – was ist denn das schon wieder!«

Kinder an der Gestaltung ihres Alltags beteiligen – weder mehr noch weniger. Ein schönes Beispiel aus Lorsch soll das verdeutlichen: Die Leiterin geht eines Tages durch den Flur und dabei fällt ihr auf, dass im Regal die Bilderbücher die oben stehen, fast wie neu sind. Nur die in den unteren Borden wirken reichlich zerblättert. Das gibt ihr zu denken und sie bringt diese Beobachtung in die Teambesprechung ein. Die Kolleginnen beschließen, ein System zu finden, bei dem alle Bilderbücher für alle Kinder zugänglich sind. Schnell war die Idee gefunden, die Bücher in Kisten zu packen. Aber wie sollten sie sortiert werden, damit Kinder und Erzieherinnen das jeweils benötigte Buch wieder finden können?

An diesem Punkt bremsten die Erzieherinnen sich selbst, um nicht zu viel vorzugeben, und stellten den Kindern das Problem dar. Im Turnraum wurden alle Bilderbücher ringsum ausgelegt. In der Mitte lag ein schönes Tuch und die Kinder wurden gebeten, sich die Bücher gut anzuschauen und ihr Lieblingsbuch dann auf das Tuch zu legen. Nach der ersten Woche wollten die Kinder noch weiter schauen mit dem Argument, sie hätten noch nicht alle Bücher gesehen. Auch die zweite Woche reichte ihnen noch nicht aus. Am Ende der dritten Woche kamen alle Kinder zusammen und überlegten mit den Erzieherinnen, wie die Bücher nun so geordnet werden könnten, dass alle ihr Lieblingsbuch wieder finden.

Großes Schweigen. Einige Kinder sagten mit Recht: »Wir können doch noch nicht lesen.« Nach einer Weile kam ein Vierjähriger auf die Idee: »Mein Bilderbuch hat ein Tier vorne drauf. Und das von meinem Freund ein Tier und einen Menschen.« Damit war das Ordnungssystem gefunden, das seit mehreren Jahren funktioniert: Kisten, auf denen Bilder mit Menschen, Tieren, Tieren und Menschen, Dingen oder Pflanzen kleben.

Das Beispiel zeigt, dass Ihre Aufmerksamkeit auch in scheinbar kleinen Dingen gefragt ist und dass Kinder Zeiträume brauchen, die nicht zu knapp bemessen sind.

mand. Doch plötzlich, als die Kollegin den Essensplan mit der kleinen Gruppe durchsprach, wurden sie hellhörig. Dauernd schauten sie zu den anderen Kindern hinüber, die gerade abstimmten, was am folgenden Tag auf dem Speiseplan stehen sollte. Sie waren sehr unzufrieden, dass sie nicht auch abstimmen konnten.

Beim abschließenden Gespräch mit uns allen waren dann doch die meisten wieder bereit, sich in der ›alten‹ Ecke zu treffen. Nur drei Mädchen wollten auf dem Bauteppich bleiben, weil dort mehr Platz sei. Auf unsere Frage, wie man denn unsere Kuschelecke vergrößern könnte, fanden gleich ein paar Kinder eine Lösung: ein Regal verschieben. Ge-

meinsam verschoben wir das große Regal und die Kinder probierten aus, ob sich die Situation nun verbessert hätte. Alle fanden, dass jetzt genügend Platz vorhanden ist.

Durch diesen Prozess ist die Situation im Kreis angenehmer geworden. Kein Stoßen, kein Drängeln mehr und weniger Unruhe.« Angelika Rummel (5)

An diesem Beispiel wird besonders schön deutlich, wie scheinbar geringfügig die Anlässe, wie klein die Schritte sein müssen, um mit Kindergartenkindern mehr Eigenständigkeit und Gemeinschaftssinn zu entwickeln.

Ute Holschuh/Brigitte Markgraf

Kein Projekt in Sicht – was heißt dann »Arbeiten nach dem Situationsansatz«?

> »Ein Baum von einem Klafter Umfang entsteht aus einem haarfeinen Hälmchen.
> Ein neun Stufen hoher Turm entsteht aus einem Häufchen Erde.
> Eine tausend Meilen weite Reise beginnt vor deinen Füßen.«
>
> *(Taoteking, Kap. 64)*

Unser Beitrag ist ein Plädoyer für die kleinen Schritte. Wir wollen Erzieherinnen ermutigen, kleine Veränderungen zu wagen. Der Kindergartenalltag bietet den Kindern viele Lern- und Erfahrungsräume, wenn die Erzieherin diese den Kindern erschließt.

Nach unserer Beobachtung wird »nach dem Situationsansatz arbeiten« häufig damit gleichgesetzt, die ganze bisherige Arbeit auf den Kopf zu stellen und alles, was bisher galt, zu verändern. Das hindert viele Erzieherinnen daran, neue Schritte zu denken und auszuprobieren, da sie meinen, sie müssten von Anfang an alles in ihrer Arbeit verändern und könnten auf nichts aufbauen, was ihre Arbeit bisher prägte. So wird die Auseinandersetzung mit dem Situationsansatz zur Suche nach den außergewöhnlichen Situationen, die nur mit viel Anstrengung gefunden werden können. Wichtiger aber ist es, den Alltag zu durchforsten und am Alltäglichen anzuknüpfen.

Viele Erzieherinnen arbeiten in einem Kindergarten, dessen Arbeitsweise seit vielen Jahren fest eingespielt ist. Um neue Schwerpunkte zu setzen und neue Schritte auszuprobieren, muss Vertrautes, das Sicherheit gibt, hinterfragt und Kolleginnen, Eltern und Träger müssen überzeugt werden.

Das Entschlüsseln von Situationen, die für die Kinder bedeutsam sind, und diese gemeinsam mit den Kindern in ein Projekt umzusetzen ist ein wichtiges Element des Situationsansatzes. Oft wird die Suche nach Schlüsselsituationen damit gleichgesetzt, Probleme finden und bearbeiten zu müssen. Was aber tun, wenn eigentlich alles reibungslos läuft, weder ein Kind im Krankenhaus noch eine Mutter schwanger ist und auch keine besonderen Konflikte zwischen den Kindern auftreten?

Die unauffälligen Begegnungen und Begebenheiten, die kleinen Handlungsschritte werden bei der Situationsanalyse häufig übersehen. Hierbei finden aber die »alltäglichen« Lern- und Erfahrungsprozesse der Kinder im Kindergarten und in der Gruppe statt. Nimmt die Erzieherin diese aber nicht bewusst wahr, so bleiben sie unsichtbar und erfahren keine Wertschätzung. Wesentliche Bereiche des Erfahrungsfeldes Kindergarten werden dann nicht bewusst zur Weiterentwicklung der pädagogischen Arbeit genutzt. Dies kann dazu führen, dass nur Projektarbeit und Angebote, die in besonders dazu ausgewiesenen Zeiten im Tagesablauf inszeniert und durchgeführt werden, als pädagogisches Handeln gelten.

Nach unserem Verständnis beginnt situationsorientiertes Arbeiten lange vor der Planung eines Projektes oder der Bearbeitung eines Problems. Es beginnt bei der Entscheidung, das Kind in allen seinen Lebensäußerungen ernst zu nehmen und das Kind den Kindergarten in Besitz nehmen zu lassen, um selbstständig und auch verantwortlich, alleine und mit anderen zu handeln und zu forschen.

Zentraler Dreh- und Angelpunkt für die pädagogische Arbeit ist die innere Haltung der Erzieherin und das Bild, das sie vom Kind hat. Diese beiden Faktoren entscheiden wesentlich darüber, welche Handlungsräume sie den Kindern öffnet oder auch verschließt. Die Haltung gibt dem Handeln die Richtung. Es muss nicht der ganze Kindergarten verändert werden. Sich mit kleinen Schritten in Bewegung zu setzen ist sinnvoll, vorausgesetzt, die Erzieherin weiß, warum sie diese Schritte macht und welches ihre Beweggründe dafür sind. Folgende Fragen können die Erzieherin dabei leiten:

»Bin ich jetzt die große Wunscherfüllerin?«

Die Pinnwand, eines der Hilfsmittel, um die Interessenlage der Kinder zu ermitteln, kann auch dazu verführen, dass Sie glauben, jetzt alle Wünsche erfüllen zu müssen. So wäre dieses Hilfsmittel allerdings sehr falsch verstanden. Beispiele, wozu die Pinnwand dienen kann, finden Sie in den Projektbeschreibungen aus Lorsch und in dem Beitrag »Kein Projekt in Sicht.«

- Was traue ich dem Kind zu?
- Ermutige ich es, Entscheidungen treffen zu können und Lösungen zu finden, die der jeweiligen Situation angemessen sind?
- Kann ich dem Kind so viel Zeit und Raum zugestehen, wie es braucht, um selbstständig und eigenverantwortlich zu handeln?
- Bin ich bereit, das Kind bei seinen Fragen zu begleiten, seine Neugier zu befriedigen und ihm die nötigen Hilfestellungen und Impulse zu geben?
- Nehme ich das Kind mit allen seinen Lebensäußerungen und Ausdrucksformen ernst?

»Arbeiten nach dem Situationsansatz« beginnt bei der Entscheidung, wie Kinder in den Tagesablauf und die Planung mit einbezogen werden, wie viel Einfluss und Gestaltungsmöglichkeiten die Kinder haben. Dazu haben wir konkrete Praxissituationen ausgewählt. Sie zeigen Beispiele aus der Arbeit einer Erzieherin, die versucht, diese Fragen zu berücksichtigen. Die Beispiele sollen Erzieherinnen anregen, die eigene Arbeit zu reflektieren und sich so auf den Weg zu machen, situationsorientiert zu arbeiten.

Neue Kinder in der Gruppe – und kaum eines spricht Deutsch

Ich arbeite in einer Kindertagesstätte in einer Kleinstadt. Zusammen mit einer Kollegin betreue ich 25 Kinder, die Hälfte davon besucht die Einrichtung ganztags. Zwölf kamen im letzten Herbst neu in meine Gruppe, 20 haben eine andere Nationalität bzw. sind Aussiedler. Sie sprechen bisher wenig Deutsch. Einige der Kinder leben in schwierigen sozialen und finanziellen Verhältnissen.

Das Kindergartenjahr beginnt mit viel Unruhe in der Gruppe. Besonders die neuen Dreijährigen stürzen sich auf die unterschiedlichen Spielmaterialien im Raum und räumen sie aus, ohne damit zu spielen. Anscheinend sind die Reize so groß, dass sie nicht bei einer Sache bleiben können.

Tanja und ich verbringen auch viel Zeit damit, Kinder zu suchen. Wir finden sie dann beispielsweise im völlig überschwemmten Waschraum, im Personalraum oder in den Puppenecken anderer Gruppen wieder.

Offensichtlich sind die Kinder von der Menge des Materials überwältigt. Es scheint, dass vieles davon für sie fremd und neu ist. In ihrem familiären Umfeld haben sie bisher wenig Erfahrung im freien Umgang mit Spielmaterialien machen können. So sind diese für sie nicht anders nutzbar, als sie einfach auszuräumen.

Der Kindergarten bietet ihnen einen neuen Raum der Entdeckungen. Sie wollen alle Winkel erschließen und entdecken. An Absprachen und Regeln halten sie sich nicht. Sie sind fasziniert von den anscheinend unendlich vielen Möglichkeiten und brauchen Zeit und Raum, sich den Kindergarten zu erschließen.

Wie können die Erzieherinnen ihnen diese Lern- und Erfahrungsmöglichkeiten zugänglich machen, ohne sie ständig einzuschränken, da sie die eingespielten Regeln noch nicht einhalten? Wie können sie die Kinder zum Ausprobieren ermutigen und ihnen gleichzeitig deutlich machen, dass sie auch wieder wegräumen, was sie ausgebreitet haben? Die Erzieherinnen haben sich entschlossen, zuerst einmal das Material im Gruppenraum drastisch zu beschränken. Damit werden die Erfahrungsmöglichkeiten der Kinder überschaubar und sie werden angeregt, länger bei einem Material zu verweilen.

Obwohl wir uns vorgenommen haben, ganz besonders darauf zu achten, dass alle Sachen ordentlich wieder weggepackt werden, sieht der Gruppenraum am Ende eines Vormittags oder Nachmittags chaotisch aus. Aufräumen will dann keiner mehr. Tanja und mir platzt der Kragen. »Wir rennen den ganzen Tag hinter euch her, sagen tausendmal dasselbe und ihr tut so, als ginge das euch nichts an! So kann das hier nicht weitergehen. Wir schaffen das nicht mehr!«

Die Kinder sind es von zu Hause gewohnt, dass jemand anderes für sie aufräumt. So fühlen sie sich auch im Kindergarten erst einmal nicht zuständig für das Organisieren und Ordnen. Das ist der Bereich der Erwachsenen. Die Erzieherinnen überlegen nun, was die Kinder mit dem Begriff »Aufräumen« verbinden. Wie können Kinder aufräumen, die sich in diesem Raum und in dieser Gruppe noch gar nicht orientiert haben. Sie stellen fest, dass besonders die Kleineren schnell überfordert sind, wenn alles in eine unüberschaubare Unordnung geraten ist.

Nach diesen an uns selbst gerichteten Fragen haben wir uns noch einmal mit der Gesamtgruppe zusammengesetzt und gemeinsam nach Lösungen gesucht.

»In der Kuschelecke liegt immer so viel Sand«, sagt Alexandra, woraufhin wir dort nachgesehen haben. »Das kommt nur, weil manche ihre Hausschuhe nicht anziehen, der Ubaid hat gar keine!«, meint Johannes. »Und wieso hast du keine an, Olcay?«, wollte Alexandra wissen. »Vergessen!«

Die Kinder und wir beschließen noch einmal gemeinsam: »Keine Straßenschuhe auf den Matratzen!« Alexandra schlägt vor, dass doch ein Kind darauf achten könnte, dass alle Hausschuhe anziehen, und möchte das auch gerne übernehmen. Seither macht sie das sehr gewissenhaft und fühlt sich dafür sehr verantwortlich.

Bei diesen und ähnlichen Gesprächen in den kommenden Wochen entstehen noch mehr solcher Verantwortungsbereiche. Es zeigt sich, dass Kinder Aufgaben, die für sie überschaubar und sinnvoll sind, gerne und sorgfältig übernehmen.

Jessica und Tijana zum Beispiel organisieren das Aufräumen in der Puppenecke: »Weil das die Neuen noch nicht so gut können!« Sie finden heraus, wer dort gespielt hat, und erklären, was in Ordnung gebracht werden muss. Sascha stellt fest, dass selbst gemachte Knete eintrocknet, wenn der Behälter nicht fest verschlossen ist, er überprüft das nun vor dem Nachhausegehen. Özge holt den Essenswagen. Nach gemeinsamer Absprache können die Kinder ihre Zuständigkeiten tauschen oder abgeben.

In der Kindergruppe hat sich seither einiges verändert. Die Alltagsabläufe im Kindergarten sind besonders für die neuen Kinder klarer und verständlicher geworden. Alle Kinder haben Aufgaben übernommen, die ihren Fähigkeiten entsprechen, aber für das Gruppenleben alle gleichermaßen wichtig sind. Sie müssen sich erinnern und lernen zu organisieren. Das stärkt ihr Zutrauen in die eigenen Fähigkeiten und entwickelt neue Kompetenzen. Sie müssen sich untereinander verständigen und absprechen, was auch die ausländischen Kinder motiviert, Deutsch zu sprechen, und ihre Sprachkompetenz erhöht. Sie übernehmen Fürsorge und Verantwortung für andere und lernen so soziales Verhalten.

Sprachschwierigkeiten – und dennoch eine Meinung äußern können

Seit einigen Monaten hängt eine Pinnwand in unserem Gruppenraum. Daneben steht ein Kästchen mit Nadeln und eines mit Zetteln. Hier können Kinder und Erzieherinnen Wünsche und Vorschläge aufmalen und anheften. Diese werden dann gemeinsam mit der Gesamtgruppe besprochen.

Ich habe mir im Kolleginnenkreis die Frage gefallen lassen müssen, ob ich nun zur großen Wunscherfüllerin geworden bin. Ist es so, dass da an der Wand Wunschtüten hängen, die nach und nach mehr oder weniger abgearbeitet werden?

Viele Kinder der Gruppe kommen aus Familien und Lebenssituationen, in denen sie wenig oder gar nicht gefragt werden, was sie wollen. Sie haben wenig Erfahrung damit, eine eigene Meinung zu äußern, etliche können es auch noch gar nicht. Viele Kinder haben Sprachschwierigkeiten. Über die Pinnwand erfahren sie, dass ihre Interessen, Wünsche und auch Probleme von den Erzieherinnen und den Kindern ernst genommen und beachtet werden. Die Wünsche auf der Pinnwand gehen nicht verloren und bleiben optisch sichtbar, bis sie besprochen sind.

Sie haben dadurch die Möglichkeit, erst einmal nonverbal ihre Interessen erkennbar zu machen. Sie machen dadurch vielleicht auch die Erfahrung, dass ihr Wunsch abgelehnt werden kann, und müssen lernen, dies zu akzeptieren.

Da hängt ein Bild mit einer Waffel. Wir haben uns die Pinnwand gemeinsam angesehen und Tijana hat ihren Wunsch »Waffeln backen« in die Gruppe eingebracht. Sie ist gehört und verstanden worden, ihr Vorschlag wird angenommen. »Was brauchen wir?«, frage ich. Viele Kinder verstehen erst einmal gar nicht, was ich meine, und gucken mich mit großen Augen an. Langsam tragen die Kinder dann zusammen, was wir zum Waffelnbacken brauchen. Was sie nicht wissen, ergänzen wir Erzieherinnen dann. Beim Backen ist es uns wichtig, dass möglichst alle etwas beitragen können, zum Beispiel ein Ei aufzuschlagen.

Aus diesem Wunsch wird eine Aktion, mit deren Planung und Durchführung die Kinder mehrere Tage beschäftigt sind. Zuerst musste Tijana sich in der Kinderkonferenz dafür einsetzen, dass ihr Wunsch realisiert wird. Sie hat dabei die Verantwortung für sich selbst übernommen und musste überlegen, wie sie überzeugt. Die Kinder der Gruppe haben geplant und die einzelnen Handlungen verantwortlich mitgestaltet. Das ist für Kinder, die von zu Hause nicht gewohnt sind, selbstständig zu handeln, eine neue Erfahrung. Sie lernen, dass es Zusammenhänge zwischen den einzelnen Handlungen bis zur fertigen Waffel gibt. Die Kinder bringen ihr Wissen ein, was ihr Selbstbewusstsein stärkt und sie neugierig macht auf neue Erfahrungen. Sie lernen auch Neues hinzu. Sie kooperieren miteinander. So machen sie einen kleinen Schritt zur Selbstständigkeit in künftigen Situationen.

Es geht mir auch darum, den Kindern einen eigenständigen Raum zu geben, statt ihnen nur Plätze zuzuweisen. Die Pinnwand ist so ein kleiner alltäglich vorhandener Raum. Oftmals hängen daran auch Zettel, auf denen nur ein Strich oder ein Gekritzel ist. Manchmal können wir den Zeichner, die Zeichnerin ermitteln. Sie können aber nie sagen, was ihr Zettel bedeutet. Ich denke, dass wir uns in unserer Gruppe noch einmal damit beschäftigen müssen. Mit ihrem »Kritzel-Kratzel« haben uns die Kinder ein Zeichen gegeben. Vielleicht würden sie sich auch gerne etwas wünschen, wissen aber nicht was. Vielleicht wollen sie sich auch nur bemerkbar machen.

Die Erzieherin könnte die Zettel ignorieren mit dem Gedanken, die Kinder hätten den Sinn nicht verstanden, es ginge nicht, »solche« Kinder mitgestalten zu lassen.

Die Erzieherin dieser Gruppe hat das »Kritzel-Kratzel« als ein Signal gedeutet, das ihr die Kinder damit gegeben haben. Sie hat sich gefragt, was es bedeutet, und es als Schlüssel zum besseren Verständnis genommen.

In der Gruppe sind viele fremdsprachige Kinder, die noch wenig Deutsch sprechen und Schwierigkeiten haben, sich verbal mitzuteilen und auszudrücken. Viele der Kinder sind sich auch ihrer Wünsche und Interessen gar nicht bewusst. So gibt das »Kritzel-Kratzel« der Erzieherin bedeutende Hinweise. Es ist ein erster Versuch der Kinder, sich zu äußern und damit zu signalisieren, dass sie Beachtung suchen. Es zeigt an, dass sie sich auf den Weg gemacht haben, sich ihrer selbst bewusst zu werden.

Die Zettel werden bei der nächsten Kinderkonferenz angeschaut und die Erzieherinnen fragen nach, wer sie gemalt hat und was sie bedeuten. Auch wenn die Kinder sich nicht zu erkennen geben und keines ausdrücken kann, was der Zettel besagen soll, haben sie durch die Erzieherinnen erfahren, dass ihre Äußerungen genauso wichtig sind wie die der Kinder, die ihre Wünsche klar benennen können.

Die Erzieherinnen dieser Gruppe überlegen nun, wie sie die Kinder bei dem Prozess unterstützen und ermutigen können, einen besseren Kontakt zu sich selbst und den anderen Kindern zu entwickeln und sie zu sensibilisieren, sich selbst und andere intensiver wahrzunehmen.

»Ich will auch weben!« – aber es ist kein Webrahmen frei

»Ich möchte auch weben!« Mit dieser Bitte kommt Fatma zu mir. Aber alle Webrahmen unserer Gruppe sind schon in Arbeit, Fatma muss warten. Als nach zwei Wochen noch immer kein Webrahmen frei ist, schlage ich Fatma vor, ihr Problem in der Kinderkonferenz anzusprechen.

Fatma muss ihren Wunsch zurückstellen. Trotzdem bleibt sie hartnäckig dabei. Die Erzieherin bietet ihr einen Lösungsweg an, übernimmt aber nicht selbst die Lösung. Fatma erlebt, dass die Erzieherin ihr Anliegen wahrnimmt und sie ermutigt, sich selbst für ihre Interessen einzusetzen. So eröffnet die Erzieherin dem Kind einen konkreten Handlungsraum. Auch hier braucht das Kind seine Sprachkompetenz, um von den anderen Kindern verstanden zu werden.

In der Kinderkonferenz werden von den Kindern unterschiedliche Vorschläge gemacht. »Wir könnten einen Webrahmen kaufen.« Dazu war in der Gruppenkasse aber momentan kein Geld zur Verfügung. »Fatma muss warten, bis ein Teppich fertig wird, vielleicht dauert das nicht mehr lange.« Die Kinder holen ihren Webrahmen, um zu sehen, wie weit die Einzelnen sind. Aber die Webrahmenarbeiten sind bei allen Kindern noch nicht weit fortgeschritten. »Der Khoi kann doch seinen Webrahmen der Fatma geben, der hat ja nur ein Ministück.« Khoi wollte aber auch das »Ministück« nicht hergeben. Schließlich einigen sich die Kinder darauf, täglich drei lange Fäden zu weben.

Die Kinder lassen sich auf Fatmas Problem ein, suchen selbst nach Lösungen und einigen sich schließlich. Sie fühlen sich in ihre Situation ein, wägen Vor- und Nachteile ab und treffen schließlich eine Entscheidung.

Die Kinder haben sich viel vorgenommen. Ich bin skeptisch, ob sie das durchhalten werden. Zunächst erinnere ich sie an ihre Vereinbarung. Entsprechende Unmutsbezeugungen werden mir dafür entgegengebracht. Schließlich bringe ich das Thema noch einmal in die Kinderkonferenz ein. Die Kinder merken, dass der Beschluss, täglich zu weben, ihnen zu viel ist. Noch einmal suchen sie nach Lösungen. Sie legen einen Webtag in der Woche fest, der durch ein Symbol an der Pinnwand erkennbar gemacht wird.

Die Kinder müssen erfahren, dass ihr Lösungsvorschlag nicht realistisch ist. Sie können die Vereinbarung nicht einhalten. Sie sehen ihren Irrtum ein und probieren neue Lösungswege aus.

Wir Erwachsenen haben den Kindern gegenüber einen großen Erfahrungsvorsprung und neigen häufig dazu, die Lösung von Problemen vorwegzunehmen. Das ist zwar oft gut gemeint, aber damit verhindern wir auch, dass Fähigkeiten der Kinder sichtbar werden können. Kindern solche Erfahrungen zu ermöglichen heißt, ihnen das Recht einzuräumen, Um- und Irrwege zu gehen, Fehler machen zu dürfen und neue eigene Lösungen zu suchen. Hier wird deutlich, wie viel Lernerfahrungen der normale Kindergartenalltag bietet, wenn den Kindern die nötige Zeit dafür gegeben wird und die Erzieherin sie begleitet.

An diesen Beispielen wollen wir deutlich machen, dass Lernerfahrungen im Kindergarten nicht auf Projekte zu beschränken sind. Der Lebens- und Lernort Kindergarten beginnt beim Öffnen der Tür am Morgen und zieht sich durch den ganzen Tag hindurch. Wichtig ist es, dass die Erzieherinnen diese Chance nutzen und bewusst damit umgehen. Die Kinder liefern den Erwachsenen den Schlüssel dafür, welche Situationen bedeutsam sind und wo sie in ihrer Entwicklung stehen. Dazu muss die Erzieherin genau hinsehen und sich den Botschaften der Kinder öffnen. Unsere Beispiele zeigen auch, dass situationsorientierte Arbeit auch in Kindergärten praktiziert werden kann, deren Kinder aus schwierigen sozialen Situationen kommen, deren Sprach- und Handlungskompetenz noch nicht groß sind. Gerade für die Entwicklung dieser Kinder lohnen sich die hier beschriebenen kleinen Schritte.

Wenn Erzieherinnen Kinder Akteure ihrer Entwicklung und Erfahrungen sein lassen und ihnen dazu auch die Zeit und den Raum geben, erschließen sich ihnen im Kindergarten weite Erfahrungsfelder.

So machen es die anderen – Situationsansatz in der Praxis 3

Sieglinde Mühlum

Mädchen und Jungen haben gleiche Fähigkeiten, die jedoch unterschiedlich entwickelt werden

Zwei bezeichnende Beobachtungen: Fünf Mädchen (5!) lassen sich von einem einzigen Jungen etwas wegnehmen! Ihre Reaktion: laute Empörung, Weinen, Beschwerden bei Erzieherinnen. Keine kommt auf die Idee, sich wenigstens gemeinsam zur Wehr zu setzen. Und das, obwohl sie auf ihre Überzahl hingewiesen wurden. Ein Mädchen schaukelt. Ein Junge kommt und will auch schaukeln. Sie steigt kommentarlos ab und wartet weinend, bis sie wieder darf.

Aufgrund dieser und ähnlicher Beobachtungen haben wir beschlossen, uns zunächst einmal an einem Elternabend mit dieser Thematik auseinander zu setzen. Dabei kamen wir bei der Frage nach traditionellen Rollenerwartungen zu überraschenden Ergebnissen: Es sah vordergründig so aus, als hätten nur die Mädchen Nachteile durch geschlechtsspezifische Erziehung. So stellten wir beispielsweise fest, dass

- man ihnen im Allgemeinen weniger Aktivität zutraut,
- spezifische Mädchenspielsachen weniger technisches Interesse wecken, weniger mathematische Kenntnisse vermitteln als Spielzeug für Jungen,
- diese Fähigkeiten Mädchen erst gar nicht zugetraut und so auch nicht vermittelt werden.

Bei eingehender Betrachtung ergaben sich aber auch für Jungen Nachteile aus geschlechtsspezifischer Erziehung. Am gravierendsten erschien uns die Unterbewertung der emotionalen Komponente. So haben z.B. Erfahrungen gezeigt, dass Jungen auch Zärtlichkeiten entgegengebracht werden, aber auf andere Weise als Mädchen, eher »rau aber herzlich«. Solange sie klein sind, lassen sie sich genauso auf Zärtlichkeit ein wie Mädchen, wenn sie aber älter werden, verändert sich das. Es entsteht sogar der Eindruck, als sei körperliche Annäherung fast unangenehm. Das wiederum führt zu Unsicherheit bei Erwachsenen. Es fallen dann Aussagen wie »Du bist doch schon ein großer Junge. Ein Junge weint doch nicht, du stellst dich an wie ein Mädchen.«

Die Jungen werden mit zunehmendem Alter ebenfalls unsicher, weil die Idealvorstellung des starken, unverwüstlichen Helden unentwegt auf sie eindringt.

Angebot: Bilderbuch: »Wir spielen Abenteuer!« von Ali Mitgutsch
Über das intensive Betrachten der reich illustrierten Darstellungen von Spielorten und speziellen Spielsituationen wollen wir die Kinder an das Thema heranführen.

Unser Vorhaben ist es im Besonderen, die Kinder auf das Ungleichgewicht der Darstellung von Jungen und Mädchen aufmerksam zu machen. Wir denken, das könnte eine gute Voraussetzung sein für das Bewusstmachen eigener Erfahrungen und deren Aufarbeitung.

Reaktion: Die ersten beiden Seiten des Buches sahen sich fünf Kinder an. (Zwei Mädchen haben nur Schwestern, drei Buben nur Brüder.) Sie erzählten sich sehr lebhaft, was sie auf den reich illustrierten Seiten entdeckten. Dann bekam jedes Kind zwei kleine Kreise, mit dem es ein Mädchen eingrenzen sollte. Dabei bemerkten die Kinder, wie schwierig das war, denn es gab fast ausschließlich Buben. Dreizehn Ringe konnten sie dann doch verwenden. Daraufhin zählten sie die abgebildeten Buben und Männer und kamen dabei auf weit über 60. Auf die Frage, ob das immer so sei, sagten die Buben spontan nein. Die Mädchen überlegten und meinten: »Bei uns im Kindergarten ist es nicht so!« – Frage: »Warum meint ihr, hat der Maler das so gemacht? Liegt das an den Spielen?« Daraufhin überprüften sie noch einmal die Spielszenen. Ein Mädchen meinte: »Das können nur Buben, die sind schlauer!« – Erzieherin: »Was denkt ihr anderen?« Ein Junge: »Mädchen sind genauso schlau wie Buben!« – Das Mädchen blieb bei seiner Überzeugung: »Männer und Jungen sind schlauer als Frauen und Mädchen.« Nach kurzer Pause sagte sie: »Mit einem Indianerfort oder mit Rittern können Mädchen nicht spielen – und die spielen mit so etwas auch nicht!« – Das überzeugte zunächst. – Frage der Erzieherin: »Warum, meint ihr, ist das so?« – Nachdenken – »Wer von euch Buben hat zu Hause eine Puppenküche?« Antwort: »Keiner!« Langes Nachdenken – Dann sagte ein Junge: »Na klar, wenn die Mädchen keine Ritter haben, dann können die doch auch nicht lernen, wie damit gespielt wird!« Das war für alle eine überraschende Entdeckung, die für eine Weile diskutiert wurde mit folgendem Ergebnis: Diese fünf Kinder wollten in der Konferenz nachfragen, was Jungen oder Mädchen meistens oder immer geschenkt bekommen!

Reaktionen einer anderen Kindergruppe: Die Kinder sahen sich die Bildseite von dem Kinderfest an. Sie fanden heraus, dass 16 Mädchen, aber über 65 Buben abgebildet sind. Die Gruppe stellte aber auch fest: »Die Mädchen spielen die gleichen Spiele wie die Jungen!« Frage der Erzieherin: »Warum, meint ihr, hat der Herr Mitgutsch das so gezeichnet?« Von den Kindern kamen verschiedene Erklärungen: »Die Mädchen sind vielleicht krank oder haben verschlafen.« – »Die spielen daheim mit ihren Sachen.« – »Vielleicht mag der Herr Mitgutsch keine Mädchen!« Ein Junge meinte: »Dem Herrn Mitgutsch sollten wir schreiben und ihn fragen!«

Wir meinen:

Bilderbücher haben eine nicht zu unterschätzende erzieherische Funktion. Bei eingehender Beschäftigung fallen auch den Kindern Rollenklischees auf. In der Regel dominieren Jungen und Männer, während Mädchen und Frauen unbedeutende Nebenrollen spielen. Die Tatsache, dass Bilderbuchmänner im Vergleich zu Frauen so hervorgehoben werden, vermittelt den Kindern nachhaltige Eindrücke. Durch die lustigen Geschichten lernen sie nämlich, dass die Welt eine von Männern bestimmte ist.

Diskussionen an den Elternabenden zeigen, dass sich diese Erfahrung überall zeigt:

- Männer werden als unabhängiger, objektiver, logischer, ehrgeiziger, risiko- und entscheidungsfreudiger, selbstbewusster und technisch begabter gekennzeichnet,
- Frauen dagegen als sanfter, ruhiger, sauberer, ordentlicher, taktvoller, einfühlsamer, religiöser, emotional ausdrucksfähiger.

Wir meinen deshalb:

Der Kindergarten als Sozialisationsfeld neben der Familie könnte diesen Mangel ausgleichen, indem er den Kindern Perspektiven eröffnet, die dazu beitragen, festgelegte Rollenklischees bewusst zu machen und zu hinterfragen. Durch Spielanregungen, durch Schaffen von Erfahrungsfeldern und durch Denkanstöße könnten bereits verfestigte Einstellungen wieder aufgebrochen werden.

Darum wollen wir

- alternative Leitbilder für Mädchen entwickeln, die selbstbewusste und aktive Mädchen zeigen;
- im Gegenzug brauchen Jungen Leitbilder für männliches Verhalten, die auch sensible Fähigkeiten ausdrücken;
- Mädchen mit technischen und handwerklichen Spielen vertraut machen;
- etwas über die Arbeitsplätze der Eltern in Erfahrung bringen;
- Kindern zur Einstellung verhelfen, dass Mädchen und Frauen, Jungen und Männer anders, aber gleichberechtigt sind;
- Jungen und Mädchen Mut machen, Dinge auszuprobieren, die im Allgemeinen eher dem anderen Geschlecht zugeordnet werden.

Elternabend im November zum Thema Mädchen und Jungen

Unsere Planung:

1. Bericht über Beobachtungen und Äußerungen, die uns veranlassten, über das Thema nachzudenken.
2. Wir stellen eine Collage vor, die in einer Kindergruppe spontan entstanden war. Mädchen und Jungen hatten sich aus Spielzeugkatalogen Sachen ausgeschnitten, die sie sich zu Weihnachten wünschen wollten. Wir regten dann an, Mädchen und Jungen sollten getrennte Pappen zum Aufkleben benutzen. Die Typisierung, die dabei zutage trat, wirkte auf uns so provokativ, dass wir von daher annahmen, unsere Betroffenheit würde auf die Eltern übergehen.
3. Gruppenarbeit: Eltern von Mädchen und Eltern von Jungen diskutieren in getrennten Gruppen folgende Fragestellung: Mädchen und Jungen haben ihre typischen Spielsachen. Können Sie sich vorstellen, dass ihnen durch diese Auswahl bestimmte Erfahrungen verwehrt werden?

Und das passierte: Es war ein sehr lebhafter Abend! Die Eltern diskutieren ohne unsere Beteiligung sehr engagiert in ihren Gruppen. Im Plenum wurden schließlich folgende Ergebnisse zusammengetragen:

Jungentypisches Spielmaterial setzt im Allgemeinen technisches Interesse voraus, vermittelt Wissen, Logik, mathematische Kenntnisse. Überraschend und für einige Mütter bestürzend war die Feststellung, dass diese Aspekte bei mädchentypischen Spielsachen kaum oder nur in Ansätzen vorhanden sind. Deutlich wurde, dass diese typischen Angebote für beide Gruppen einen Mangel darstellen.

An diesem Abend haben uns die Mütter die Vorgaben für die weitere Richtung dieses Projektes gegeben: Auseinandersetzung der Frauen und Mütter mit ihrer Rolle in unserer Gesellschaft.

Zweiter Elternabend zum Thema im Januar

Unsere Planung:

1. Anknüpfen an den Elternabend im November. Zusammenfassung der damaligen Ergebnisse.
2. Diskussionsrunde zur Frage: »Ist rollenspezifisches Verhalten angeboren und wesensbedingt oder Produkt von Umwelt und Erziehung?«
3. Darstellung von Rollenklischees im Bilderbuch.
4. Gruppenarbeit zu den Fragen:
   - Heimlicher Lehrplan – Wodurch und an welchen Stellen wird Ihrer Meinung nach Kindern festgelegtes Rollenverhalten vermittelt?
   - Welche Aussagen stecken in Bilderbüchern hinsichtlich der Rollen von Mann und Frau? Überwiegen tatsächlich Männer- bzw. Jungendarstellungen?

Verlauf: Bis zu Punkt 3 verlief der Elternabend wie geplant. Dann zeigte sich, dass bei den anwesenden Frauen eine starke persönliche Betroffenheit vorhanden war und sie an ihren eigenen Erfahrungen als Frau und Mutter weiterdiskutieren wollten. An beiden Abenden waren nur Mütter da.

Väterabend im Februar

Warum diese spezielle Einladung? Im Verlauf der Wochen kamen immer wieder Sticheleien der Väter: »Ihr mit euren Emanzenabenden!« Die Diskussion zu diesem Thema beschränkte sich mittlerweile nicht mehr nur auf den Kindergarten, sondern wurde auch außerhalb weitergeführt. Wir wollten nicht, dass dieses Thema nur einseitig von Frauen diskutiert wird, und beschlossen deshalb, einen Abend für Väter zu gestalten.

Unsere Planung:

1. Zusammenfassung über das bisher Gelaufene und Begründung für die Auswahl dieses Themas im Hinblick auf die pädagogische Arbeit mit Kindern.
2. Diskussion zur Frage: Ist rollenspezifisches Verhalten angeboren und wesensbedingt oder Produkt von Umwelt und Erziehung?
3. Gruppenarbeit zu den Fragen: Wie habe ich Mädchen in meiner Kindheit empfunden? Wie war meine Position als Junge Mädchen gegenüber?
4. Welche Bedeutung haben diese Erfahrungen für die Erziehung unserer Jungen und Mädchen?

Verlauf: Die Diskussion zu Frage 2 wurde lebhaft und kontrovers geführt. Zwei Meinungen standen sich gegenüber: Frauen sind von Natur aus mütterlich und emotionaler aufgrund ihrer biologischen Anlage und entsprechen so ihrer natürlichen Bestimmung. Und: Frauen haben die gleichen Möglichkeiten und Kompetenzen wie Männer.

In der Gruppenarbeit wurde deutlich, dass viele Väter mit (Vor-)Urteilen Mädchen gegenüber groß geworden sind: Mädchen kratzen, beißen, heulen, sind langweilig und unsportlich. Aber auch: »Ich habe gerne mit Mädchen gespielt.« Mit Schulbeginn vertiefte sich die Trennung zwischen Buben und Mädchen. Es gab für Jungen so etwas wie einen Ehrenkodex, nämlich, dass man Mädchen nicht schlägt, sondern sie beschützen muss.

Es bestanden klare Vorstellungen darüber, was Frauen- (Mädchen-) und Männer- (Jungen-)Arbeiten sind. Das führte auch zum Zwang, durch ausgesprochen männliches Verhalten zu imponieren. Dazu gehörte z.B. das Rauchen.

Die nachfolgende Diskussion zeigte, dass es den anwesenden Vätern ein Bedürfnis war, über die ihnen zugeordnete Rolle als Mann und Vater zu reden. Es kamen Aussagen wie:

- Im Beruf ärgert mich an Frauen, dass sie sich nach Bedarf in ihre traditionelle Frauenrolle zurückziehen und diese geschickt ausnutzen.
- Frauen bringen ihre Emotionen oft an der falschen Stelle an.
- Frauen sind in Gruppen schwieriger.
- Frauen sind nicht so flexibel wie Männer (warum wohl)?
- Ich kann meinen Kindern genauso viel Liebe und Zuwendung geben wie meine Frau.
- Wenn ich mal einen Tag zu Hause bin, fühle ich mich wie ein Störfaktor.
- Wenn ich mich nicht so wohl fühle, gehe ich trotzdem lieber ins Büro – denn da habe ich meine Ruhe.

Es kam auch die Frage auf »Wie sieht mich mein Kind als Vater und Mann? Was vermittle ich?« Deutlich wurde, dass sich das Frauenbild, das die Männer haben, aus den eigenen Erfahrungen in der Kindheit ableitet. Aber auch, dass es weiter verfestigt wurde durch Gesellschaft, Medien und durch Vorbilder aus der näheren Umgebung. Die Väter sahen auch eine Notwendigkeit darin, die Kinder an ihrem Leben außer Haus teilhaben zu lassen, was sich teilweise äußerst schwierig gestalten kann. Immerhin könnten durch Bild- und Fotomaterial Informationen über den eigenen Arbeitsplatz an die Kinder weitergegeben werden.

Bemerkung zum Schluss: Interessant war für uns Erzieherinnen, dass in den Tagen vor diesem Abend Mütter wiederholt Bemerkungen machten wie »Da kommt bestimmt keiner!«. Zum Erstaunen aller waren doch 15 Männer gekommen.

Währenddessen haben wir in den Kindergruppen folgendermaßen weitergearbeitet

Angebot: Bau von »Zaungästen« – Mädchen und Jungen stellen aus Restbalken unserer neuen Einbauten große bunte Figuren für unseren Garten her. Im Umgang mit den Bilderbuchgeschichten haben die Kinder selbst die Entdeckung gemacht, Mädchen können deshalb manches nicht, weil sie es nie üben konnten. Bei diesem Vorhaben wollten wir diese Erkenntnis unterstreichen und gleichzeitig den Beweis liefern: Mädchen können auch, wenn ihnen Gelegenheit dazu gegeben wird. Deshalb fanden wir es wichtig, dass in dieser Werkgruppe sowohl die zierlichsten Mädchen als auch die stärksten Jungen beteiligt werden. Vorgesehen ist, mit diesen Kindern über einen längeren Zeitraum hinweg täglich etwa eine halbe Stunde zu arbeiten. Ganz bewusst werden wir die Kinder nicht auf diese spezielle Gruppenzusammensetzung aufmerksam machen. Irgendwann wird es den Kindern selbst auffallen.

Beobachtungen zu den Zaungästen (die sich über Wochen hinzogen): Die Kinder arbeiteten mit Eifer und Ausdauer an den großen Holzstücken. Nach einigen Tagen fiel den Kindern auf, dass die zierliche Nicole an genauso großen Balken hantierte, sägte und hämmerte wie der kräftige Peter und der große Sebastian. Die übrigen Kinder beobachteten interessiert die Arbeit. Mit der Zeit kamen neue Kinder zu der Gruppe hinzu, manche hörten kurzfristig auf. Interessant für alle war, dass am Ende mehr Mädchen mitwerkten. Obwohl wir mit Absicht nie das Gespräch darauf brachten, sind wir überzeugt, dass die Kinder für sich begriffen haben, dass Werken Übungssache ist und die Buben es nicht automatisch besser können!

Mädchen ärgern!

Beobachtung: Im Garten gibt es das Spiel »Mädchen ärgern«
Das Spiel geht so: Bevor wir in den Garten gehen, fragen einzelne Mädchen bei den Jungen an: »Fangt ihr uns wieder?« Wenn ja, ist große Aufregung. Uns Erwachsenen kommt es vor, als warteten die Mädchen regelrecht darauf und wollten es auch so. Im Garten quieken die Mädchen los, rennen und lassen sich mit lautem Protest einfangen. Es sind aber auch Mädchen dabei, die das nicht wollen und sich fürchten. Wir Erwachsenen treffen daraufhin mit den Mädchen die Vereinbarung, den Spieß einmal umzudrehen und morgen Buben zu fangen. Dabei passierte für die Buben etwas sehr Überraschendes, sie wurden von den Mädchen erwischt und gefangen. Die Buben wollten das nicht wahrhaben und wehrten sich gegen das Festhalten mit vollem Körpereinsatz. Die Mädchen sahen darin eine Verletzung der Spielregel, weil sie die Jungen so nicht packen konnten. Zu den Erzieherinnen sagten die Jungen mit vollster Überzeugung: »Die haben uns nicht gekriegt!«

Angebot: Konferenz zum Thema »Es gibt im Garten Ärger zwischen Buben und Mädchen«. Wir möchten Mädchen und Jungen die Erfahrungen dieser »Fangspiele« bewusst machen und sie motivieren, über Beobachtungen und Gefühle zu reden. Unsere pädagogische Absicht ist es, den Mädchen Mut zu machen, ihre körperliche Leistungsfähigkeit auszuprobieren.

Reaktion: »Tanzen ist doch blöd für Jungen!«
Im Gespräch schien es so, als sei das Gefangenwerden von Mädchen mit einem Prestigeverlust der Jungen verbunden. Die Jungen konnten und wollten es nicht akzeptieren. Die Mädchen fühlten sich darin bestätigt, dass sie zwar gleich schnell sind, aber trotzdem den Kürzeren ziehen, weil die Jungen mit sehr viel mehr Körpereinsatz agieren, wie Mädchen es im Allgemeinen zu tun pflegen. »Aber mein Papa spielt Fußball, das ist ganz schön anstrengend!« Solche und ähnliche Argumente kamen verstärkt von den Jungen. Daraufhin erzählte die Erzieherin von ihrem Balletttraining und wie anstrengend auch das sei. Es war den Gesichtern der Jungen abzulesen, dass sie das in keiner Relation zum Sport ihrer Väter sahen. Als angeführt wurde, dass da auch Männer mittanzen, reagierten die Jungen belustigt. Einer meinte aus tiefer Seele: »Tanzen ist doch blöd für Jungen! Überhaupt können Buben viel besser kämpfen, sind schneller und stärker.«

Rhythmikstunden: Es werden Übungen angeboten, die als typisch jungen- oder mädchenspezifisch angesehen werden: Hüpf- und Hickelspiele, Kraftübungen, Partnerübungen, Reaktionsspiele, Geschicklichkeitsspiele. Am Ende der Stunden wollen wir über folgende Fragen mit den Kindern ins Gespräch kommen:

- Was hat euch besonders Spaß gemacht und warum?
- Glaubt ihr, dass da Spiele dabei waren, die eigentlich nur für Mädchen oder Jungen sind?
- Welche Spiele waren für alle?

Reaktion zu den Rhythmikstunden: Auf die Frage, welche Spiele eher für Jungen oder für Mädchen seien, antworteten sie: »Für alle beide gleich!« Entweder antworteten die Kinder so, weil sowohl Jungen als auch Mädchen Freude an allen Übungen hatten und sie tatsächlich keiner Seite zuordnen konnten. Es könnte aber auch sein, dass die Kinder annahmen, wir Erwachsene würden diese Antwort gerne hören!

»Rasierwasser ist das Allerbeste«

Beobachtung: Die Unterhaltung drehte sich um angenehme Düfte, über viel oder wenig Parfüm. Einige Mädchen erzählten von ihren diesbezüglichen Erfahrungen. Sie erinnern sich an besonders gute Düfte. Ein Junge sagt abschließend: »Rasierwasser ist sowieso das Allerbeste!« Auf die Frage warum, kam als Antwort: »Weil Männer das benutzen!«

Angebot: Konferenz zum Thema »Was bekommen Mädchen so im Allgemeinen geschenkt und wie ist das bei den Jungen?«. Diese Frage stellt die Erzieherin in die Runde. Wir denken, wenn sich Kinder selbst Antworten auf ihre Fragen suchen, haben sie mehr Aussagekraft, als wenn sie, wie allgemein üblich, von Erwachsenen kommen. Inzwischen beherrschen die Kinder auch die notwendigen Regeln, um selbstständig eine Diskussion in Gang zu bringen. Wir meinen, durch die Beantwortung dieser Frage wird Kindern einsichtig, warum Mädchen und Jungen unterschiedliche Fähigkeiten haben.

Reaktion: Sehr selbstsicher gingen die Kinder an die Aufgabe heran. Präzise äußerten sie ihre Meinung und führten über längere Strecken selbstständig das Gespräch. Sie stellten fest: »Buben und Mädchen bekommen Unterschiedliches geschenkt, und so ist es kein Wunder, dass sie mit bestimmten Dingen nicht spielen lernen.« Es wurde auch überlegt, warum so Unterschiedliches geschenkt wird, warum es Mädchen- und Jungenspielsachen gibt. Die Frage tauchte auf, ob die Kinder das so wollten oder ob Erwachsene nur meinen, sie wollten es. Ein Mädchen meinte: »Ich bin noch nie gefragt worden, ob ich ein Auto oder eine Ritterburg will!« Ein Junge dazu: »Oder ich eine Puppenküche!«

Fazit: Wir Erwachsene sollten auch bei kleinen Geschenken nicht automatisch nach Mädchen oder Jungen auswählen, sondern uns vielmehr angewöhnen, Geschenke für »Kinder« auszusuchen. Das gilt vor allem auch für Bücher!

Aushang:

Ohne Eltern läuft hier nichts!

Was Sie mit verändern können:

- Spielsachen nicht nur nach geschlechtsspezifischen Überlegungen aussuchen.
- Die heimlichen Miterzieher im Auge behalten, z.B. Reklame, Redewendungen.
- Bilderbücher und Literatur nach ihrer Tendenz befragen.
- Für Buben nicht nur spezielle Jungenliteratur – für Mädchen nicht nur Mädchenbücher.
- In der Erziehung von Mädchen »männliche« Anteile zulassen, umgekehrt in der Erziehung von Jungen auch »weibliche«.
- Über »Superhelden« im Fernsehen oder in Büchern miteinander reden und auf ihren Realitätsgehalt hin befragen.
- Darauf achten, dass die Tätigkeiten von Müttern gleichwertig neben der von Vätern stehen.
- Kindern zeigen, wie Vater und Mutter arbeitsteilig Familie, Haushalt und Beruf bewältigen.

Krach im Garten

Beobachtung: Ein Mädchen und ein Junge, Janneke und Robert, spielen in der Sandkiste mit einer Leiter. Jungen nehmen sie ihnen weg. Janneke beschwert sich aufgebracht bei Erwachsenen, die sich da aber nicht einmischen möchten. Sie akzeptiert, eben keine Leiter mehr zu haben. Die beiden Jungen beginnen nun das gleiche »Spiel« bei Ilonka und Ulrike. Die trauen sich zunächst, die Leiter wiederzuholen. Die Jungen holen sie sich immer wieder. Für die Buben scheint es ein geeignetes Spiel zu sein, um die Mädchen zu ärgern, bis diese hilflos dastehen. Janneke kommt dazu und holt sich wieder Rat bei den Erwachsenen. »Lasst es euch doch nicht gefallen!« – »Redet miteinander!« Janneke geht zu den Jungen (sie sind aus der anderen Gruppe) zurück und bittet um die Leiter. »Die sehen das nicht ein!« Janneke beginnt mit Frank einen Kampf, Patrick und Sven kommen Frank zu Hilfe. Eine Erzieherin greift ein und fragt die Buben nach ihren Beweggründen. »Wir wollen denen bloß mal zeigen, dass wir doch stärker sind! Ihr sagt doch immer, Mädchen sind genauso stark – gerade von eurer Gruppe, die, die können gar nichts. Mareike hat gesagt, sie könnte Karate und Judo, aber nichts kann die, die rennt gleich fort!«

Beobachtung: Ein Gespräch von Frau zu Frau.
Janneke kommt zu mir ins Büro und erzählt das alles. »Die sagen, sie wären stärker als wir Mädchen, aber weißt du, die sind unfair! Die treten gleich und so und sind so grob. Und dann sind die dem Frank auch noch zu Hilfe gekommen!« Auf meine Frage weshalb sie meint, dass ihr die anderen Mädchen nicht zu Hilfe gekommen sind, meint sie: »Die haben sich auch gefürchtet!« Jannekes ganzer Weltschmerz gipfelte in der Erkenntnis: »Die meinen immer, sie wären mehr, bloß weil ich ein Mädchen bin!« Dann haben wir ausgiebig über den Wert und die Wichtigkeit von Frauen und Mädchen gesprochen. Wir haben uns gegenseitig stark gemacht. Daraufhin verließ ein selbstbewusstes Mädchen mein Büro.

Angebot: Konferenz zum Streit zwischen Mädchen und Buben.
Janneke schildert Beginn und Verlauf der Auseinandersetzung im Garten: »Es war ein unfairer Kampf, zwei oder drei gegen einen!« Janneke wird von der Erzieherin daran erinnert, was sie dabei am meisten geärgert hat. »Buben sagen, sie wären viel stärker – als ob das so wichtig wäre!« – »Wer ist stark?« – Daraus entwickelte sich eine lebhafte Diskussion.

Dabei trafen die Kinder unter anderem die Feststellung, dass es Jungen gibt, die stark sind oder so eingeschätzt werden, obwohl sie nie beim Kämpfen beobachtet wurden. »Warum ist das so?« – Ein als »stark« angesehener Junge meinte dazu: »Ich mag auch gerne ein Kämpfchen, aber mit Regeln. Außerdem will ich nicht wehgetan bekommen und auch niemandem wehtun. Es ist mir auch nicht wichtig, der Stärkste zu sein. Ich spiele auch gerne mit Mädchen!« – Das waren starke Worte mit großem Eindruck!

»Was können nun Mädchen machen, wenn sie von Buben alles weggenommen bekommen? Oder verjagt werden?« Nachdem die Mädchen festgestellt hatten, dass »Reden« nicht viel bringt, schienen sie ratlos. Sie kamen nicht auf die Idee, sich zu solidarisieren und so auch »stark« zu sein. Ein Mädchen entwickelte schließlich folgende Lösungsmöglichkeit: »Also, da braucht man auch mehr wie ein Kind. Zwei oder drei Kinder reden mit den Buben und eine schleicht hin und holt das Zeug heimlich.« (So früh entwickelt sich weibliche List.)

Verlauf der Konferenz zum selben Thema in der anderen Gruppe: »Die zwei waren unfair! Sie waren zwei gegen eine! Das ist gemein!« So beschwerte sich eines der beteiligten Mädchen. Frank: »Sven hat gesagt, die Mädchen sind schwächer!« Janneke: »Sind gar nicht schwächer, aber gegen zwei!« Wir wollten in der Konferenz aufarbeiten, dass Mädchen wahrscheinlich aufgrund ihrer Erziehung weniger kämpfen und so auch nicht gewohnt sind, ihre Körperkraft einzusetzen. Bezeichnend waren folgende Aussagen der Mädchen: »Ich versteck mich halt, wenn Buben kommen, wenn sie weg sind, komme ich wieder raus.« – »Ich lege mich ganz flach hin, dann fallen sie über mich!« – »Ich rufe dann nach den Großen (Erwachsenen).« – Auch diese Gruppe kam nicht auf die Idee, sich zu solidarisieren.

Reaktionen aus der Jungenecke: »Die Mädchen machen sich immer ›schlapp‹.« – »Ja, und dann, na ja!« – Es stellte sich heraus, dass sich die Buben ärgern, weil Mädchen, anstatt zu kämpfen, »schlapp machen«. »Oder sie heulen und laufen gleich zu den Erzieherinnen!« – »Das ist auch unfair«, war die einhellige Meinung der Jungen!

Angebot: Bilderbuchbetrachtung »Swimmy« von Leo Leonni
Das Buch wurde ausgesucht, um die Mädchen zu mehr Solidarität zu ermuntern. Es zeigt an Swimmy, dem kleinen Fisch, wie man sich gegenseitig helfen und stark machen kann. Zum Inhalt: Swimmy ist ein kleiner Fisch, dessen Familie von einem großen Thunfisch gefressen wurde. Allein durchschwimmt er das große Meer. Er bestaunt und bewundert das Leben, die Schönheiten, Merkwürdigkeiten und Wunder der Unterwasserwelt. Dann entdeckt er einen Schwarm kleiner roter Fische, die sich ängstlich im Schatten eines Felsens verborgen halten. Er nimmt Kontakt zu ihnen auf, ermuntert sie, ihm durch die schöne Wasserwelt zu folgen. Swimmy hat eine Idee: Er formiert den Schwarm vieler kleiner Fische zu einem Riesenfisch. Er bildet das Auge und zeigt ihnen die Weite des Meeres. Stolz erleben sie, wie selbst gefürchtete Artgenossen vor ihnen die Flucht ergreifen.

Tonband-Interview: Gedacht als Möglichkeit für die Kinder, ihre eigenen Ansichten und Erfahrungen zu reflektieren und um sich bestimmte Sachverhalte und Zusammenhänge bewusst zu machen. Wir erfahren dadurch, wo die Kinder stehen und an welchen Stellen sie Unterstützung brauchen. Folgende Fragen hatten wir uns überlegt:

1. Wer ärgert andere Kinder mehr, Buben oder Mädchen?
2. Wer hilft eher?
3. Wer räumt besser auf?
4. Wer ist fauler?
5. Wer hat eher Angst?
6. Wer ist zärtlicher?
7. Wer hört besser auf das, was gesagt wird?
8. Wer ist geduldiger?
9. Wer ist klüger?
10. Wer ist mutiger?
11. Wer macht sich schmutziger?
12. Wer ist hübscher?
13. Wer ist wilder?
14. Wer kann besser werken?
15. Wer kann schneller und besser weben und sticken?
16. Wer kann sich schönere Geschichten ausdenken, Mädchen oder Jungen, Frauen oder Männer?

Protokoll zur Tonbandaufnahme:

1. Großes Durcheinander! Sie entscheiden sich für die Buben.
2. »Die Mädchen, denn sie sind ja mehr! Die machen liebere Sachen!« (Es wurde geklärt, ob das wirklich stimmt, mit den »mehr« Mädchen – Nein!)
3. Zunächst hieß es, die Mädchen. Die Buben erhoben lautstark Einspruch! Ein Kind machte die Bemerkung: »Aber der Sebastian räumt gern auf!« Sie einigen sich schließlich darauf, dass es keine Rolle spielt, ob Buben oder Mädchen.
4. Einstimmig: »Die Buben!« Ein Mädchen meint: »Ich bin aber auch manchmal faul!«
5. Zunächst ging die Tendenz in Richtung der Mädchen, dann kamen sie zu dem Schluss, dass es egal ist. »Buben und Mädchen und auch Männer und Frauen haben manchmal Angst.«
6. »Alle haben das gerne!«
7. »Die Mädchen!«
8. »Die Mädchen!« – Einspruch: »Auch Buben sind geduldig!«
9. An dieser Stelle zögern die Kinder mit einer spontanen Antwort, sie haben ja inzwischen Erfahrungen gemacht. Die Mädchen vertreten die Ansicht: »Die Mädchen, denn die Buben haben nur ›Mädchen ärgern‹ im Kopf!« – Frage: »Wie ist das bei Männern und Frauen?« – Große Diskussion! – Dann: »Mamas lernen daheim viel beim Kochen!« – »Ich meine, Männer sind doch auch schlau, weil sie ja arbeiten müssen.« – »Also sind alle schlau!«
10. »Buben und Männer!« – Das kommt ohne Zögern!
11. »Wir Mädchen sind sauberer, weil wir auf unsere Kleider aufpassen müssen und weil es verboten ist!« – »Buben dürfen sich dreckig machen!«
12. »Mädchen und Frauen!« – Florian sagt: »In einem feinen Lokal müssen beide fein sein.« – Martina: »Buben dürfen ja auch keine Röcke anziehen, da wären sie dumm!« – »Mädchen haben schönere Kleider!«
13. Die Buben in großer Einigkeit: »Wir!« – Ein Mädchen: »Ich bin auch wild!«
14. Da nutzten die Kinder die Erfahrung mit den »Zaungästen«. Sie sagten einstimmig: »Alle gleich gut, denn die gewerkten Leute sehen gleich gut aus!«
15. Zögernd: »Die Mädchen!« – Martina: »Die Buben sind so ›fingrig‹, die machen ja laufend Fehler!« Einspruch: »Aber Patrick kann ganz gut und schnell sticken!«
16. An dieser Stelle ist Konkurrenz spürbar. Jede Gruppe möchte die Beste sein. Sie kommen zu dem Schluss, dass man das nicht sagen kann. (Daraufhin haben wir uns Bilderbücher angesehen und nach den Autoren geschaut.)

Es hat sich was verändert!

Beobachtung: Beim Spiel im Garten zeichnet sich eine neue Tendenz ab! Mädchen beziehen Buben in ihre Spiele ein und die Buben lassen sich integrieren. Die Mädchen lassen sich auf den Gepäckträgern durch den Garten kutschieren. So können die Buben ihre Stärke unter Beweis stellen, die Mädchen zeigen Mut. Es gehört schon eine ganze Menge Mut dazu, hinten auf dem Gepäckträger zu sitzen und im Affenzahn um die Sandkiste geradelt zu werden. So sind im Moment alle mit sich zufrieden!

Alexandra ruft nach Patrick, damit er sie verteidigt: »Komm, du musst uns helfen!« Jennifer sagt ganz ruhig: »Wir brauchen doch den Patrick nicht, wir schaffen das selber!« Ganz wichtig ist uns bei solchen Situationen, dass wir den Kindern zeigen, dass wir solche Reaktionen wahrnehmen, manchmal kommentieren.

Ich beobachte einen Jungen, der wiederum eine Praktikantin beobachtet, die eine Schulanfängerin durch das Zimmer trägt. Nach einigen Minuten kommt er auf mich zu und sagt: »Du hast doch mal gesagt, du würdest auch mal ganz gerne schmusen.« Er war am Tag zuvor bei diesem Tonband-Interview dabei. – »Möchtest du das jetzt auch?«, frage ich. Er nickt nur. Ich will ihn in den Arm nehmen, dabei dreht er sich um, so als wollte er die anderen Kinder im Auge behalten und deren Reaktion abwarten. Als sich nichts tut, dreht er sich um. Ich sage: »Eigentlich möchte ich dich jetzt auch auf den Arm nehmen.« Er nickt wieder nur. Auf meinem Arm ist er ganz steif und drückt sich etwas von mir ab. »Bin ich dir schon zu schwer?«, fragt er sofort. »Nein, jetzt noch nicht«, ist meine Antwort. Erst nachdem ich mich mit ihm noch etwas über die momentane Situation im Zimmer unterhalte, kann er mich entspannt und mit sichtlichem Wohlbehagen kurz an sich drücken. Und dann ist er mir zu schwer. Der große, fast siebenjährige Junge zieht zufrieden seines Weges. Ich sehe ihm verwundert hinterher und freue mich, dass dieses Kind durch die Beschäftigung mit diesem Thema etwas für sich entdeckt hat, nämlich: Zärtlichkeit ist nicht nur Mädchensache!

Eine Mädchengruppe hat ein neues Spiel! Es heißt: »Wir wehren uns gegen die Buben!« – Folgendes lässt sich wiederholt beobachten: Die Mädchen horten sehr auffällig alle möglichen Spielsachen, bis die Jungen aufmerksam werden. Das ist auch ihre Absicht. Holen sich nun die Jungen etwas weg, wird mit viel Geschrei zum Angriff gestartet. Dabei geht es den Mädchen ganz offensichtlich nicht um die Spielsachen, denn sie benutzen sie ja überhaupt nicht, sondern vielmehr um Kräftemessen und Ausprobieren, ob es stimmt, dass sie sich wehren können. Die Jungen sind zunehmend frustriert, der körperliche Einsatz nimmt zu (von beiden Seiten). Es scheint, als suchten beide Seiten den Beweis, die Stärkeren zu sein.

Angebot: Bilderbuchbetrachtung »Das gehört mir« von Leo Leonni
Die Frösche Milton, Rupert und Lydia streiten sich auf ihrer Insel den ganzen Tag. Um den See: »Das Wasser gehört mir!« – Um die Insel: »Die Erde gehört mir!« – Um die Luft, um die Schmetterlinge etc. Ein schlimmes Unwetter bringt sie in große Not. Trotzdem fühlen sie sich jetzt besser, weil sie beieinander sind und dieselbe Furcht und dieselbe Hoffnung haben. Die große Kröte hilft ihnen dabei, bewahrt sie vor dem Ertrinken. »Wie friedlich wir es jetzt haben«, sagt Milton. »Wie schön wir es hier haben«, sagt Rupert. »Und weiter?«, fragt Lydia. »Wie? – Was? – Weiter?«, sagen die anderen. »Ganz einfach«, sagt Lydia, »das gehört uns zusammen!«

Bilderbuchbetrachtung: »Bist du feige, Willi Wiberg« von Gunilla Bergström
Inhalt: Willi Wiberg mag sich nicht mit anderen prügeln. Ist er feige? Sein Vater ermuntert ihn, sich gegen andere zu wehren, und übt mit ihm Schlägereien. Seine Großmutter findet ihn aber, gerade weil er sich nicht prügelt, besonders brav. Willi Wiberg sind beide Meinungen egal, er weigert sich weiterhin zu prügeln, lieber tut er so, als ob er besiegt würde. Eines Tages nimmt er mit dieser Einstellung drei Streithähnen den Wind aus den Segeln. Offen erklärt er vor allen Kindern, dass er sich nicht zu kämpfen traut. Die anderen Kinder erkennen, wie viel Mut zu so einer Aussage gehört, und bewundern ihn von da an.

Reaktion: Die zwei Kindergruppen, mit denen ich das Buch anschaute, hörten sehr aufmerksam zu. Die Aussage der Geschichte löste Betroffenheit aus. Manchen erschien sie unwahrscheinlich.

In der ersten Gruppe stellte ich die Frage: »Was meint ihr, hätte die Mutter zu Willi gesagt? Hätte sie auch Schlägereien mit Willi geübt?« Es kamen Äußerungen wie: »Die Mutter hätte gesagt, sei schön friedlich!« – »Sie hätte gesagt, redet miteinander!« Nur ein Junge sagte: »Meine Mutter kann auch gute Kampftricks!«

In dieser Gruppe wurde mir deutlich, dass körperliche Auseinandersetzungen Jungen und Männern zugeordnet werden, »Frauen sind friedlich!«

In der zweiten Gruppe stellte ich die Frage: »Was hätte der Vater getan, wenn Willi ein Mädchen wäre?« Die Antworten kamen eindeutig: »So machst du es richtig! – »Nicht kämpfen!« – »Nicht wehtun und nicht boxen!«

Es wurde deutlich, dass zunächst nur Jungen körperliche Auseinandersetzungen zugebilligt wurden. Im Gespräch fanden die Kinder heraus, dass die Erwachsenen bestimmte Vorstellungen davon haben, wie Mädchen und Buben zu sein haben.

Angebot: Jungen und Mädchen gestalten eine Ausstellung. Nachdem wir oft darüber gesprochen haben, dass Jungen und Mädchen durch Übung gleiche Fähigkeiten haben, wollten wir diesen Gedanken durch diese Aktion weiter verfestigen. Wichtig ist uns dabei auch, dass Mädchen mit Konstruktionsmaterial umgehen und Jungen auch »mädchentypische« Arbeiten in Angriff nehmen. Die Arbeiten der Mädchen und Jungen sollen mit Symbolen gekennzeichnet werden.

Reaktion: Die Ausstellung wurde von den Praktikantinnen mit großer Sorgfalt und Geschick im Turnzimmer dekoriert. Lampen und Strahler gaben zusätzliche Effekte. Die Ausstellung ging über mehrere Tage. So hatten die Kinder die Möglichkeit, ihre Eltern durchzuführen. Vor allem den Mädchen lag daran, ihre »untypischen« Arbeiten vorzuführen. Es schien ihnen wichtig zu demonstrieren, dass Jungen und Mädchen gleiche Fähigkeiten haben, wenn ihnen entsprechende Angebote zum Üben gemacht werden.

Angebot: Wir betrachten Bildkarten aus der Didaktischen Einheit »Jungen und Mädchen: Alle machen alles!« vom Deutschen Jugendinstitut, München.

Es sind fünf Bildkarten, von denen die erste eine typische Familiensituation zeigt. Auf den anderen Bildkarten tauschen alle Familienangehörigen ihre Rollen. Daraus entstehen für die Kinder überraschende Situationen. An den unvorhergesehenen Situationen soll den Kindern bewusst werden, dass Rollen jederzeit austauschbar sein könnten, dass bestimmte Aufgaben nicht ein für alle Mal festgelegt sein müssen. Dabei könnten sie auch entdecken, dass mit Rollentausch auch schöne neue Erfahrungen verbunden sein können. In daraus entstehenden Gesprächen haben die Kinder die Möglichkeit, eigene Erfahrungen aufzuarbeiten.

Reaktion: Die erste Karte empfanden die Kinder als das Selbstverständlichste der Welt. Über den Rollentausch mussten sie zunächst nur lachen. Auf die Frage hin, warum das so komisch sei, wenn beispielsweise Papa näht oder kocht, kamen Antworten wie: »Der kann das doch gar nicht – dem macht das doch keinen Spaß!« Einige Kinder kamen zu der Feststellung: »Er kann das doch auch nicht, weil es ihm niemand gezeigt hat!«

Bei der zweiten Bildkartenreihe freuten sich die Kinder schon auf die vertauschten Rollen. Sie bewunderten die Familienmitglieder, weil bei ihnen der Rollentausch so funktionierte. Sie trafen auch die Feststellung: Man muss Neues ausprobieren, sonst weiß man doch nicht, ob es einem gefällt und ob man es auch kann! (An diesen Reaktionen ist zu merken, dass die Kinder beginnen, geschlechtsspezifische Erziehung als solche zu erkennen.)

Angebot: Auseinandersetzung mit der Collage unterschiedlicher Männerbilder
Wir Erzieherinnen hatten untypische Männerfotos aus Zeitschriften gesammelt und damit eine große Collage angefertigt, die zunächst in der Halle hing. Nun wollten wir mit den Kindern intensiver ins Gespräch kommen. Mit kleinen Gruppen betrachteten wir die Collage im Turnzimmer. Ins Gespräch stiegen wir folgendermaßen ein: »Jeder sucht sich ein Foto aus und erzählt uns warum. Ist da ein Foto dabei, über das ihr euch gewundert habt, weil ein Mann darauf etwas macht, was ihr vielleicht noch nie beobachtet habt?«

Unsere Absicht war es, die Kinder zu motivieren, über die Rolle von Männern und ihre Beziehung zu ihrem eigenen Vater nachzudenken.

Reaktion: Die Kinder hatten sich offensichtlich schon vorher ausgiebig mit der Fotocollage befasst, denn sie wussten schnell, welches Bild sie wollten, und konnten begründen warum. Sie entschieden sich durchweg für Darstellungen, auf denen Männer und Kinder gemeinsam etwas unternehmen oder Männer in Beschützerrollen zu sehen sind. Begründungen für die Auswahl waren: »Der ist so lustig!« – »Der passt auf, dass sich das Kind nicht wehtut!« – »Der fängt das Kind auf!« – »Der Vater und das Kind haben wohl einen Streich gemacht und freuen sich jetzt.« – »Der schmust mit der Katze.« – »Der Polizist tröstet das Kind.«

Bei der zweiten Frage dauerte die Auswahl länger. Sie wählten auch da vorwiegend positive Fotos aus. Ein Junge wählte ein Foto von einem schwarzen Musikanten in Uniform und mit Akkordeon, über dessen Wangen ganz offensichtlich Tränen laufen. Der Junge erklärte: »Der ärgert sich!« Auf die Aufforderung an die Kinder, sich das genau anzusehen, kamen folgende Erklärungen: »Die Sonne scheint ihm in die Augen!« – »Er hat Falten auf den Backen!« – »Er macht Faxen!« – »Vielleicht hat ihn jemand geschlagen.« – »Er guckt, als ob etwas passiert ist!« Die Kinder wurden nachdenklich. Ein Junge meinte dann vorsichtig: »Er guckt fast so, als ob er weint.« Auf die Frage, ob denn Männer auch weinen, gab es langes Nachdenken. Mamas hatten sie alle schon einmal weinen sehen, aber Männer! Ein Junge meinte dazu: »Mein Vater und sein Freund haben schon mal geweint!«

Angebot: Das vorangegangene Gespräch war Auslöser! »Wann liebt ihr euren Papa am meisten?« – »Was liebt ihr an ihm am meisten?«

Reaktion: Daraus entstand eine Liebeserklärung an alle Papas!

- Wenn ich gemütlich auf seinem Schoß sitze, gemütlich wie auf einer Couch!
- Wenn er mit mir Quatsch macht!
- Wenn er mich im Schwimmbad durchs Wasser schmeißt!
- Wenn er mir was beibringt!
- Wenn ich ihm helfen kann!
- Wenn er sich von mir trösten lässt!
- Wenn Papa für mich Zeit hat!
- Wenn er mit mir lacht und baut!
- Wenn er für mich sorgt, wenn Mama krank ist!
- Wenn er mit mir frühstückt und mich für den Kindergarten fertig macht.
- Wenn er mit mir ins Hallenbad geht, ganz allein!
- Gestern kam mein Schreibtisch. Papa hat sich gleich daran gemacht und ihn aufgebaut, das fand ich ganz toll!

Dieses Projekt lief bis Ende Mai

Abgeschlossen und beendet wird es wohl nie für uns sein! Wir haben in dieser Zeit selbst viel über die Rollen von Frauen und Männern in unserer Gesellschaft erfahren, unser pädagogisches Handeln hat sich an vielen Stellen verändert.

In dieser Zeit kamen von den Eltern viele unterschiedliche Beiträge wie: Hinweise auf Sendungen in Rundfunk und Fernsehen, Zeitungsausschnitte, Bilderbücher und Vorlesegeschichten.

Es erregte auch kein Schmunzeln mehr, wenn ein Junge an seinem Geburtstag statt mit einem Hut mit einem Kränzchen aus dem Haus kam. Auch die Geschenke für Mädchen und Jungen haben sich verändert. Sie orientieren sich jetzt viel mehr an den tatsächlichen Bedürfnissen der Kinder. Ja, und schließlich haben wir Frauen, Erzieherinnen und Mütter, dabei gelernt, selbstbewusster über unsere Situation zu reden, und das, ohne die Männer im »Regen« stehen zu lassen!

»Die Eltern kommen ja doch nie!«

Schlecht besuchte Elternabende sind ein »Problem« in vielen Einrichtungen. Wer setzt eigentlich die Norm, dass immer alle Eltern anwesend sein müssen? Viele Erzieherinnen sehen eher das halb leere Glas als das halb volle, schauen also auf den Mangel. Für die Eltern, die doch gekommen sind muss das ein sehr merkwürdiges Gefühl sein, dass die fehlenden wichtiger sind als sie selbst. So wird die häufig wenig einladende Atmosphäre noch verstärkt.

Eltern, die ihr Kind in eine Kindertagesstätte gehen lassen, brauchen aber genauso viel freundliche Zuwendung und Verständnis wie ihre Kinder. Auch sie haben – häufig zum ersten Mal – eine bedeutsame Lebenssituation zu bewältigen: Das Kind fängt an, sich zu lösen. Das kann Ängste verursachen, die nur gezeigt werden, wenn an den Elternabenden ein Klima herrscht, das auf Vertrauen basiert. Sie brauchen dabei gar nicht die »Übermutter« zu sein für all die Elternsorgen. Es reicht, wenn es Ihnen gelingt, ein Gesprächsforum zu schaffen, in dem die erfahreneren Eltern den weniger erfahrenen erzählen können, wie das bei ihnen war. Und das gelingt am besten, wenn Sie selbst Verständnis zeigen: »Es ist sehr schön zu sehen, wie gut sich die Kinder hier in der Einrichtung eingewöhnen. Für Sie als Eltern ist das aber nicht unbedingt einfach, dass Ihr Sohn, Ihre Tochter größer und selbstständiger werden.« Auch hier ist die Haltung das Wesentliche und nicht der Wortlaut oder der äußere Rahmen der Elternabende.

Aber eines ist sicher, Eltern, die sich verstanden fühlen, sind eher bereit, in der Einrichtung mitzuarbeiten.

Heike Aures/Marion Ramershoven/Hedi Rettig

Ein Haus zum Wohlfühlen

Ein pädagogisches Projekt mit der Absicht, mehr *Lebensqualität* in unserem Haus zu bekommen durch ästhetische und funktionelle Neugestaltung der einzelnen Spielbereiche, um den unterschiedlichen Bedürfnissen der Kinder und Erzieherinnen neu gerecht zu werden.

Situationsanalyse. Warum wir uns für dieses Thema entschieden haben

Sowohl Kinder als auch die Erzieherinnen fühlten sich in verschiedenen Bereichen im Haus nicht mehr wohl. Bei genauerem Hinsehen haben wir festgestellt, dass bei allen Beteiligten eine unterschiedliche Auffassung von Ästhetik und Ordnungssinn besteht. Weiterhin konnten wir beobachten, dass einzelne Spielbereiche im Flur nur zum lauten Toben genutzt wurden. Kinder, die gerne den Kaufladen, die Puzzleecke, die Naturkundeecke, die Kuschelecke oder die Leseecke nutzen wollten, konnten dies nicht tun, da konzentriertes Spiel durch tobende Kinder nicht möglich war. Sie fühlten sich gestört durch den hohen Geräuschpegel, brachen das Spiel ab oder fingen damit erst gar nicht an.

Erzieherinnen schlossen sich diesem Verhalten der Kinder an, verlagerten entsprechende Aktionen in die Gruppe, der Flur wurde vernachlässigt, unattraktiv und ungepflegt …

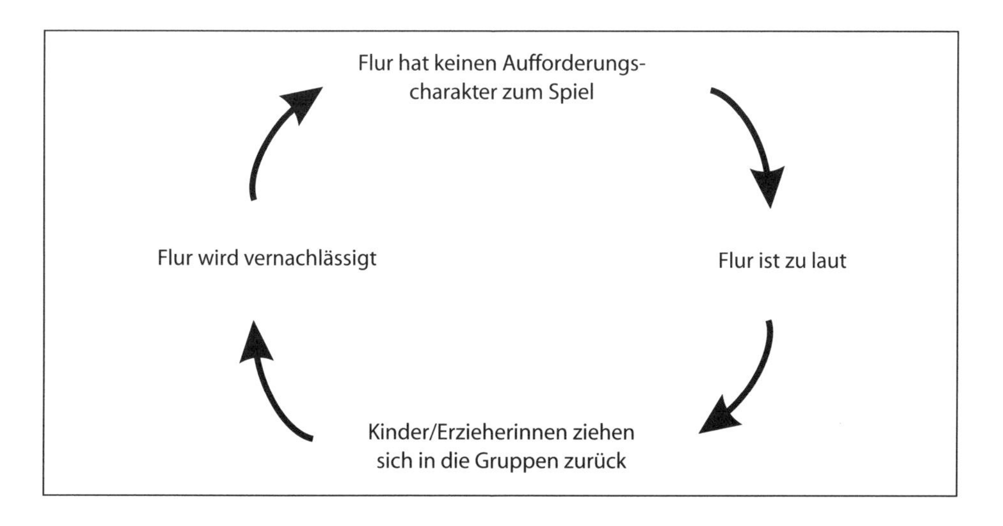

Situation der Kinder

- Die Gruppen bzw. einzelne Spielbereiche haben noch zu wenig Atmosphäre, es fehlt der gemütliche Touch. Kinder äußern ihr Unbehagen bezüglich der Gruppe, Vergleiche zu anderen Gruppen werden gezogen.
- Hektik in der morgendlichen Ankommsituation.
- Spielgegenstände gehen vermehrt zu Bruch, werden nicht aufgeräumt (keine Wertschätzung).
- Starker Bewegungsdrang ist bei den Kindern zu beobachten.
- Flur stellt Treffpunkt zum Toben dar, es ist kein intensives Spiel von Kindern im Flur zu beobachten. Viele Chaosecken entstehen durch flüchtige und kurze Spielsituationen. Spielende Kinder werden von tobenden Kindern gestört.
- Kinder favorisieren ihre eigene Gruppe, Flur ist als zusätzliche Spielmöglichkeit unattraktiv.
- Raumgestaltung der einzelnen Gruppe entspricht nicht mehr den Bedürfnissen der Kinder.
- Unruhe im Flur verlagert sich bis in die Gruppe.
- Einzelne Spielecken sind neuen Kindern im ursprünglichen Sinne überhaupt nicht bekannt. Beispiel: Kuschelecke (zwei Sofas) wird als kleine Tobeecke definiert.

Situation der Erzieherinnen

- Wir haben festgestellt, dass die einzelnen Spielbereiche ihre eigentliche Bestimmung verloren haben, vorhandenes Spielmaterial war entweder kaputt oder hatte zu wenig Aufforderungscharakter.
- Erzieherinnen reagieren bei Regelverstößen nicht mehr sofort, beispielsweise wird die Kuschelecke als Tobeecke geduldet. Wir gewöhnen uns an die neuen Funktionen und lockern Regeln.
- Erzieherinnen fühlen sich auch unwohl in einzelnen Gruppen bzw. im Flur, wir möchten gerne etwas verändern.
- Wir bemerken, die Hektik überträgt sich auch auf uns. Die Atmosphäre in der Gruppe geht verloren, genervte Kinder – genervte Erzieherinnen.
- Es gibt zu wenig Rückzugsmöglichkeiten im Haus, um zum Beispiel eine intensive Bilderbuchbetrachtung durchzuführen.
- Der Flur ist auch den Erzieherinnen zu unattraktiv. Neue Spielmöglichkeiten wurden nicht mehr eröffnet. Durch die gegebenen Umstände wird der Flur vernachlässigt.

Situation der Eltern

- Die Eltern vergleichen den Neubau mit dem Altbau, sie sind der Meinung, der neuere Teil habe mehr Atmosphäre.
- Kinder flitzen im Flur, einige Eltern haben den Eindruck, es wird im Kindergarten nur getobt.

Psychologischer und pädagogischer Hintergrund unserer Arbeit

Die wesentlichen Punkte des Situationsansatzes sind, dass Erziehung den Kindern helfen soll, die Lebenssituation, in der sie jetzt stehen oder in die sie in Zukunft geraten werden, möglichst autonom, kompetent und solidarisch zu bewältigen. Diese Zielsetzung soll erreicht werden, indem wir Kindern Voraussetzungen bieten, die zum Erlernen selbstständigen Handelns wichtig sind. Dabei steht die Wissensvermittlung im jeweiligen Situationszusammenhang. Die Basis dieser Zielsetzungen steht unter folgenden Kriterien:

Grundsatz der

a) *Selbstständigkeit* der Kinder (Eigeninitiative, Verantwortungsbewusstsein, Organisation fördern und begleiten).
b) *Wahlfreiheit für Tätigkeit und Material* (Entscheidung nach eigenem Interesse und Talenten → Bildung unterschiedlicher AGs).
c) *Erfahrungen konkreter Situationen*
   - Erfolgserlebnisse → Förderung und Aufbau von Selbstbewusstsein.
   - Frustrationstoleranz → mit Misserfolgen umgehen lernen/aushalten können. Eigene Interessen zugunsten anderer zurückstellen, gemeinsam ein Projekt durchführen, aufeinander eingehen.
   - Kooperationsbereitschaft → Vorschläge anderer annehmen und mit umsetzen (siehe einzelne Planungsschritte von den jeweiligen Arbeitsgemeinschaften).
d) *Sicherheit und Veränderbarkeit*
   - Sicherheit zu haben, Wünsche, Bedürfnisse und Interessen werden ernst genommen und dürfen verbalisiert werden → Konferenzen.

Gegenüber Neuerungen offen sein → Flexibilität und Offenheit bei allen Beteiligten, mal etwas Neues wagen.

> Ziel unserer pädagogischen Arbeit ist, Kinder im sozialen, emotionalen bzw. affektiven, intellektuellen und körperlichen Bereich zu fördern. Das heißt, Kinder in der Entwicklung ihrer gesamten Persönlichkeit zu begleiten, sodass sich alle Kinder wohl und ernst genommen fühlen.

Psychologischer und pädagogischer Aspekt zum Projekt

Das Wohlbefinden eines Menschen hängt unter anderem von den Räumen ab, in denen er sich befindet. *Wohlbefinden bedeutet Lebensqualität.* Wichtige Faktoren, die dazu beitragen:

- die Farbe des Raumes,
- Lichtquellen,
- die Temperatur,
- der Geruch,
- die Gestaltung und vieles mehr.

Räume können verschiedene Reaktionen bei Menschen auslösen, zum Beispiel:

- Gemütlichkeit,
- Ruhe,
- Sicherheit,
- Geborgenheit,

oder aber

- Fremdheit/Unwohlsein,
- Unruhe,
- Unsicherheit,
- Angst.

Psychologische und soziologische Erkenntnisse müssen sich in dem pädagogischen Handeln hinsichtlich der Struktur und Gestaltung des Gruppenraumes niederschlagen. Das heißt, eine sinnvolle Raumgestaltung berücksichtigt die Bedürfnisse der Kinder nach

Sicherheit – Geborgenheit – Spielanreize.

Die Räume, die wir uns gestalten, sind in gewisser Weise ein Spiegelbild von uns selbst. Räumlichkeiten, in denen das Kind alleine oder in Kleingruppen selbstständig handeln kann, erfordern strukturierende Überlegungen.

Strukturierte beziehungsweise atmosphärische Räumlichkeit bedeutet: klar durchdachte Überlegungen, auf Beobachtungen beruhende Erkenntnisse und die Bedürfnisse der Kinder dabei berücksichtigen.

Welche Vorteile bringt ein gut strukturierter Raum mit sich?

Die Bedürfnisse der Kinder können besser umgesetzt werden, das heißt:

- Spielflächen werden geschaffen, die auf den ersten Blick nicht einsichtig sind (»unbeobachtetes« Spielen wird möglich).
- Die Selbstständigkeit der Kinder wird gefördert. Die Erzieherperson steht nicht ständig im Mittelpunkt des Geschehens. Die Kinder können Eigeninitiative entwickeln, selbstständig handeln und eigene Erfahrungen sammeln. Lernen geschieht nicht durch Belehren, sondern durch beobachten, nachahmen, durch erforschen … (also durch Eigeninitiative des Kindes).
- Die Konflikthäufigkeit nimmt ab. Die entstehenden Konflikte sind anderer Art und spielen sich stärker in Kleingruppen ab. Probleme, die in Kleingruppen entstehen, können eher von Kindern selbst gelöst werden.
- Durch verstärkte Bildung von Kleingruppen ist eine Außenseiterposition weniger zu beobachten.
- Die Raumstrukturierung erleichtert es den Kindern, sich in die Gruppe zu integrieren (verhaltensauffällige, behinderte, neue und ausländische Kinder).
- Ein gut strukturierter Raum verbessert die Kommunikation unter den Kindern und erleichtert eine Sprachförderung. Dies ist eine wichtige Voraussetzung für situationsorientiertes pädagogisches Arbeiten.

Aufgrund der genannten Situation ist in uns das Bedürfnis gewachsen, in unserem Kindergarten:

- mehr Atmosphäre zu schaffen, gemütlichere Räume zu haben, die ein breiteres Spektrum an Spielimpulsen zulassen.
- Wir wollen unseren Kindergarten geschmackvoll einrichten und dabei persönlichen Geschmack, Bedürfnisse und Stil der Kinder und Erzieherinnen berücksichtigen.
- Wir möchten das ästhetische Empfinden der Kinder fördern, damit sie einen persönlichen Geschmack und Stil weiterentwickeln können. Diesen können sie im praktischen Tun, Planen und Durchführen in unserer Raumgestaltung mit einbringen.

Ziele

Was lernen Kinder und Erzieherinnen dabei? Was soll erreicht werden und warum?

- Einzelne zweckentfremdete Spielbereiche sollen wieder ursprüngliche Funktionen bekommen, das bedeutet aber auch, dass diese für Kinder trotzdem flexibel bleiben, um die Spielvielfalt zu erhalten.
- Durch neue Impulse Spielanreize schaffen.
- Förderung des kindeigenen Stilempfindens.
- Den Kindern die Möglichkeit geben, ihren Geschmack, ästhetisches Empfinden, Kreativität und Fantasie zu entfalten und aufzubauen.
- Bewusstere Wertschätzung der einzelnen Arbeiten, Materialien, Spielsachen und Einrichtungsgegenstände.
- Mehr Lebensqualität erhalten durch eine schönere Atmosphäre im Haus.

Unser erster Projektschritt

Kinder, Erzieherinnen und Eltern sind zu dem Entschluss gekommen, dass viele Faktoren (siehe Punkt 1.1 bis 1.3) in unserem Haus aufgegriffen, bearbeitet und verbessert werden müssen.

Alle Beteiligten bekamen die Aufgabe, einen Rundgang durch das Haus zu machen, mit folgender Fragestellung:

a) Wo spiele ich gerne und wo nicht so sehr, war Betrachtungspunkt von Kindern.
b) In welchem Spielbereich fühle ich mich wohl und welcher gefällt mir nicht, war Betrachtungspunkt der Eltern und Erzieherinnen.

Diese Ergebnisse wurden anhand von Bildern, Fotos und kindgerechten Symbolen konkret dokumentiert (positive Stimme einen Smilie, negative Stimme einen Heuler).

Aufgrund der Auswertung ergaben sich folgende Schwerpunkte:

Leseecke,
Kuschelecke,
Kaufladen,
Puppenecken,
Grünes Zimmer,
Mitarbeiterzimmer,
Büro,
zum Teil Gruppenräume.

Was soll in der Leseecke bewirkt werden?

- Bezug zum Medium »Buch« sollte wieder hergestellt werden.
- Ungestörtes, konzentriertes Buchbetrachten sollte wieder möglich werden.
- Durch das Abtrennen der Leseecke werden Ruhe und Atmosphäre geschaffen, dadurch das Interesse an Büchern geweckt und dadurch eine gute Basis zum Lernen gelegt.

Welche Funktion soll der Kaufladen übernehmen?

- Spielvielfalt im Rollenspiel ermöglichen.
- Spielanreize mit Aufforderungscharakter zum Spielen für Kinder schaffen (mehr Übersicht, neue Spielmaterialien ...).

Was soll in der Kuschelecke verbessert werden?

- Klare Definition der Kuschelecke.
- Rückzugsmöglichkeiten schaffen, dadurch Privatsphäre der Kinder ermöglichen.
- Äußere Störfaktoren sollen minimiert werden.

Qualifikationen und Kompetenzen von allen Beteiligten

- Jeder ist ein Künstler. Kunst als individuelle Ausdrucksform erleben.
- Mehr Farbbewusstsein entwickeln. »Passt das zusammen?«, wurde zu einer wichtigen Frage.
- Förderung der individuellen Stilrichtung.
- Lernen, aus kostenlosem Material etwas herzustellen und dieses auch wertzuschätzen.
- Sensibilisieren der Sinne, Farben und Formen müssen zuerst *er*fahren und *er*griffen werden, dadurch können sie erst *be*griffen werden (»Ganzheitliches Lernen«).
- Kreativität und Fantasie sollen angesprochen werden.
- Organisation – Wo bekomme ich welches Material?
- Kontakte zu Personen außerhalb des Kindergartens herstellen. Planungsschritte gemeinsam besprechen. Aufgaben verteilen.
- Neue Materie entdecken, eigenen Horizont erweitern.
- Neue Herausforderung annehmen, zum Beispiel neue Aufgaben.

Methoden

Wie sollen diese Ziele erreicht werden?

Unser erster Projektschritt ist die Bedarfsermittlung. Diese wurde ausgewertet und fließt nun in den weiteren Prozess der Veränderung mit ein. In Konferenzen werden Veränderungen besprochen, Planungsschritte organisiert und Regeln überarbeitet oder neu erstellt.

Folgende Aktionen wurden unter anderem gruppenübergreifend angeboten:

- Farbberatungen, zum Beispiel: Welcher Stoff, was für ein Farbanstrich oder welche dekorativen Einrichtungsgegenstände passen in unser Haus oder unsere Gruppe?
- Rhythmikstunden mit bunten Tüchern.
- Verschiedene Farbmischbilder erstellen.
- Raumteiler herstellen.
- Farbexperimente.
- Eine Gruppe und der Flur bekamen einen neuen Anstrich.
- Grünpflanzen wurden besorgt.
- Durch Kunstbildbetrachtungen wurden Kinder an unterschiedliche Kunststile herangeführt.
- Bilderbuchbetrachtungen zum Thema: Frederrick, Kennst du Blauland, Das kleine Blau und das kleine Gelb …
- Mit Kindern Bewegungsspiele durchführen.
- Allgemein im Haus mehr Rückzugsmöglichkeiten schaffen, Höhlen und Nischen mit Polstern bauen.
- Die Kinder mit gemütlicher Atmosphäre begrüßen, zum Beispiel mit Kerze und Duftlampe.
- Umgestaltung einzelner Spielbereiche.
- Verschiedene Kunsttechniken kennen lernen.
- Mit verschiedenfarbigen Blättchen Muster und Formen legen und vieles mehr.

Bildung von AGs

Mit wem können wir sonst noch zusammenarbeiten?

Die einzelnen AGs setzten sich aus Kindern und Erzieherinnen von unterschiedlichen Gruppen zusammen. Die Konferenzen nutzen wir zum größten Teil für die Planung und Organisation einzelner Arbeitsschritte.

AG Kaufladen

1. Konferenz: Vergleich, wie sieht unser Kaufladen aus, wie sieht es im Geschäft aus? Beim gemeinsamen Einkauf für unser Kindergartenfrühstück wurde genau erkundet, wie einzelne Geschäfte eingerichtet sind, es erfolgten Ideensammlungen für unseren Kaufladen.
2. Konferenz: Was muss alles erledigt werden? Zum Beispiel: Kaufladen ausräumen, Spielgeld besorgen, neue Regeln besprechen, Ämter verteilen, wer übernimmt welche Aufgabe, Holz für ein Regal beim Schreiner bestellen …
3. Nach vorheriger gemeinsamer Absprache in der Konferenz wurden die ersten Veränderungen vorgenommen. Zum Beispiel wurde die Verkleidungsecke ausgelagert, Schränke wurden umgebaut, Regal gewerkt, Stoff ausgesucht, Eltern zur Mithilfe angesprochen.
4. Es wurden für den Kaufladen neue Utensilien angeschafft. Zum Beispiel eine Kasse, eine Waage, verschiedene Ware usw., unter dem Aspekt: Qualität, Stabilität und Optik.
5. In einer Konferenz stellten die Kinder fest, dass der Kaufladen zu einsichtig war. Mit der Hilfe eines Schreiners wurde der Eingang verkleinert. *Frage:* Wie erkennt man, nach dem Spiel im Kaufladen, ob die Ware wieder vollständig vorhanden ist? Von den AG-Mitgliedern wurden Regeln für die Benutzung des Kaufladens erstellt und dazugehörige Plakate und Schilder gestaltet.
6. Die Regeln wurden an alle Kinder weitergegeben, nun konnte der fertig gestellte Kaufladen mit einem offiziellen Einweihungsfest eröffnet werden!

AG Leseecke

Unser erstes Treffen in der Konferenz fand unter dem Aspekt »Die Leseecke braucht eine Veränderung!« statt. Wir sammelten gemeinsam mit den Kindern Vorschläge. Wir hätten gerne:

- mehr Bücher,
- eine Tür, Fenster und Gardinen,
- eine Lampe,
- ein Dach aus Stoff,
- die Wand in einer anderen Farbe gestrichen,
- ein Bett zum Büchervorlesen und einen Schaukelstuhl.

Während der Konferenz entstand die Idee, unserer Arbeitsgemeinschaft einen Namen zu geben. Nach einer Abstimmung entstand der Name »Die Bücherwürmer«.

Die Idee eines Büchereibesuches reifte durch den Vorschlag der Kinder, aber auch durch die regelmäßigen Besuche und den guten Kontakt einer Erzieherin zur »Bücherscheune« in Fürth.

Nachdem wir in einer Konferenz über eine Bücherei gesprochen hatten und Erfahrungen ausgetauscht waren, planten wir Fahrgemeinschaften mit Eltern. Am 28. Januar 1997 besuchten wir schließlich die Bücherei in Fürth.

Nachdem wir in dieser Bücherei Kriterien zur Auswahl von Büchern kennen gelernt hatten, stellten wir den Kindern fünf Bücher vor, aus denen sie zwei zum Kauf auswählen konnten. Nach einer Abstimmung entschieden sie sich für »Wunderbare Welt«, »Als die Raben noch bunt waren«.

Nach dieser Aktion fingen die Bücherwürmer an, einige Ideen und Vorschläge umzusetzen und in der Leseecke aktiv zu werden.

1. Umstellen der Möbel, Auswahl des Stoffes für Dach und Polster.
2. Herstellung des Daches.
3. Der Schreiner wurde mit der Herstellung eines Eckregals beauftragt. Fertig gestellt wurde es durch die Kinder.

Nachdem wir die Leseecke nach unseren Vorstellungen gestaltet haben und wir uns wohl fühlen, wollen wir natürlich auch, dass es so bleibt. Aus diesem Grund haben wir mit den Kindern alte Regeln überdacht und neue erstellt.

Zur Verdeutlichung der Regeln wurden von den Kindern Fotos gemacht, die im Abschlusskreis den anderen Kindern und Erzieherinnen des Kindergartens vorgestellt wurden.

AG Kuschelecke

In der ersten Konferenz wurden verschiedene Vorschläge zur Gestaltung der Kuschelecke gesammelt. Die Beteiligten wünschten sich, dass die Kuschelecke nicht so einsichtig ist und dass es viele Matratzen und Decken gibt. Wie ein Haus mit vielen Kissen.

1. Die Kinder malten, wie sie sich »ihre« Kuschelecke vorstellen, und dann wurde abgestimmt, welcher Entwurf verwirklicht wird.
2. Der Entwurf wurde dem Schreiner vorgelegt, der ihn auf das Holz übertrug und die Kuschelecke aufbaute.
3. Nach dem Auslegen der Matratzen suchten die Kinder passende Kissen dafür aus. Da uns die große Seitenwand zu kahl war, kamen wir auf die Idee, Spiegel anzubringen, die das Spiegelbild verzerren.Wir besorgten biegsamen Kunststoff und die Kinder stimmten ab, in welche Richtungen die Spiegel verzerren sollten. Der Schreiner baute uns die Rahmen und brachte die Spiegel an.
4. Nachdem die Regeln in der AG besprochen und an alle Kinder und Erzieherinnen bekannt gegeben wurden, war die Kuschelecke spielbereit.

Heike Aures/Angelika Haller/Hedi Rettig

Anders sein – na und?

Vor Gott sind alle Menschen gleich und vor dem Menschen selbst?

Nicht die jeweiligen Defizite und Mängel, auch nicht die jeweiligen Kompetenzen und Stärken definieren den Menschen, sondern:

»Jeder ist eine einmalige, von Gott geschaffene und geliebte Persönlichkeit.«

Das Zusammenleben verschiedener Kinder mit ganz unterschiedlichen Begabungen, Orientierungen und Hemmnissen kann eine Solidarität ergeben, in der ein jedes Kind Helfer und Erzieher sein kann. Ein Ort dafür ist die Gemeinde mit ihrer Kindertagesstätte. In ihr erleben Kinder eine lebendige Vielfalt und Reichtum in Erfahrung und Begegnungen, in der Auseinandersetzung mit dem jeweils Anderen und ein gemeinsames Lernen.

Präambel

Ein pädagogisches Projekt mit der Absicht, Verhaltensmöglichkeiten und Strategien für ein gemeinsames Zusammenleben von behinderten und nichtbehinderten Menschen zu entwickeln und diese im Alltag umzusetzen.

Situationsanalyse
N., ein Kind mit Angelmann-Syndrom, kam im August 1997 in die blaue Gruppe. Alle wurden mit dem Thema Behinderung konfrontiert, es entstanden offene Fragen, Ängste, Bedenken und Unsicherheiten. Sowohl Kinder als auch Erzieherinnen beschäftigen sich mit der Frage: Was ist eine Behinderung? Was muss alles verändert werden? Muss zum Beispiel Spielzeug umgeräumt werden? Wie können wir N. den Einstieg in den Kindergarten erleichtern?

Integration, was heißt das?

Das Verb integrieren findet ab dem 18. Jahrhundert und zunehmend dann im 20. Jahrhundert Einzug in unseren Sprachschatz und bedeutet Einbeziehung bzw. Eingliederung in ein großes Ganzes. Das heißt für uns gemeinsame Erziehung und Bildung behinderter und nichtbehinderter Kinder.

Für unser pädagogisches Projekt »Anders sein, na und?« steht der heilpädagogische Aspekt im Vordergrund. Dieser besagt, dass Integration als gegenseitiger psychosozialer Annäherungs- und Lernprozess zwischen Integratoren und Integranden aufzufassen sei.

Wenn weiterhin behinderte Menschen weitgehend abgeschoben, isoliert von anderen sozialen Gruppen gefördert werden, dann ist verständlich, dass sie sich außerhalb ihrer Gruppen ängstigen und sich schlecht zurechtfinden. Eine ähnliche Situation kann man immer wieder bei Nichtbehinderten in Konfrontation mit Behinderten beobachten. Nichtbehinderte Menschen reagieren hierbei ebenfalls mit Ängsten, Unsicherheiten, Vorbehalten, Hemmungen etc.

Menschen mit Behinderung dürfen nicht länger nur unter dem Gesichtspunkt ihrer Behinderung betrachtet und behandelt werden. Sie sind in ihrer ganzen Persönlichkeit zu begreifen mit all ihren Bedürfnissen und Talenten. Wenn diese Haltung/ganzheitliche Sichtweise von jedem Menschen geachtet würde, würden viele Menschen nicht mehr kategorisiert, eingestuft oder ausgegrenzt. Wir sollten beginnen anzuerkennen, dass es normal ist, verschieden zu sein, und dass die Gemeinsamkeit Voraussetzung ist, um Verschiedenheit akzeptieren zu können.

Deshalb ist es eine wichtige Aufgabe unserer Gesellschaft, dass jeder Einzelne sich mit dieser Thematik auseinander setzt und sich die Frage stellt: Wie wollte ich von meiner Umwelt behandelt werden, wenn ich behindert wäre?

mit Mitleid? als Kranker? angenommen sein durch Meidung?
die Behinderung steht im Vordergrund benachteiligt
geachtet werden Begabungen nicht gesehen werden
diskriminierend? aggressiv? so akzeptiert werden, wie ich bin
ablehnend?

Sehr wichtig für den Erfolg bei Integrationsprozessen ist, *dass Integration als fortlaufender Prozess verstanden wird und sich im gesamten sozialen Kontext, Familie, Kindergarten, Kirchengemeinde, Wohnbereich und Schulen mit einbezieht.*

Einige Menschen drängen oftmals durch ihr Verhalten (häufig auch unbewusst) behinderte Menschen immer wieder in eine Sonderstellung, stellen sie dadurch an den Rand der Gesellschaft. Sie sehen nicht ihre Fähigkeiten, Bedürfnisse und Möglichkeiten, sondern vor allem die Behinderung, auf die der ganze Mensch reduziert wird.

Dieses Fehlverhalten erklären wir uns aber auch dadurch, dass viele Menschen unwissend und unsicher im Umgang mit behinderten Menschen sind. Wir sind uns darüber im Klaren, dass viel mehr Aufklärungsarbeit geleistet werden müsste, auch vonseiten unserer Bundesregierung.

Das Menschenbild in der integrativen Erziehung

»Integration ist in gleicher Weise eine kulturelle Notwendigkeit wie eine ethische Verpflichtung. Das heißt, sie ist nicht nur ein unverzichtbares, sondern das zentrale Moment der Weiterentwicklung der Menschheit.« *Georg Feuser 1992*

Situation der Beteiligten

Situation der Kinder

Die Kinder der blauen Gruppe gehen sehr neugierig auf N. zu und kümmern sich um ihn. Hier ein Beispiel aus der Praxis: N. krabbelt auf dem Fußboden. C. sieht ihn und bietet ihm die Trinkflasche an. N. dreht den Kopf weg, C. erkennt, dass er keinen Durst hat, und bietet ihm daraufhin Spielsachen an.

Viele Kinder der Gruppe gehen sehr neugierig auf N.s Spielsachen zu. Sie entwickeln zum Teil ein sehr intensives Spiel und verändern für ihn die Gegenstände so, dass weitere Spielmöglichkeiten entstehen. Wie zum Beispiel N.s Flasche. In dieser befinden sich Perlen, die durch Schütteln unterschiedliche Geräusche erzeugen. Die Kinder experimentieren mit ihr unter dem Gesichtspunkt: Wie können wir die Flasche für N. interessanter machen? Sie füllen zu den bereits in der Flasche befindlichen Perlen unterschiedliche Dinge (Glöckchen, Steine, Sand …). Die Glöckchen werden von den Kindern als interessant empfunden und in der Flasche belassen.

Die Kinder gehen liebevoll und einfühlsam mit N. um. Sie achten auf ihn und passen auf ihn auf, einige Kinder nehmen N. zum Frühstücken mit. Auch wenn die Erzieherin den Gruppenraum verlässt, sorgen die Kinder für N.

Einige Kinder sind sehr offen und spontan zu N., das heißt, sie drücken und küssen ihn. Andere sind eher in der Beobachtungsposition. Viele Kinder erkennen und benennen Fortschritte von N., freuen sich daran und loben ihn dafür. Hier ein Beispiel aus der Praxis: J. sieht N. mit einer Erzieherin laufen, sie geht auf N. zu, streichelt ihn und nimmt ihn in den Arm mit dem Lob: »Guck mal, du kannst ja schon laufen.«

Im Rollenspiel setzen sich einige Kinder mit unserer Gruppensituation und mit N. auseinander. Ein Kind setzt sich in N.s Rollstuhl und die anderen Kinder schieben, spielen und versorgen ihn. Häufig zu beobachtende Spielsituation war, dass die Mutter oder die Erzieherin das Kind mit seinem Rollstuhl durch das Haus schiebt.

Weiterhin konnte man sehr stark beobachten, dass sich die Kinder an der Vorbildfunktion der Erzieherinnen und der Erwachsenen orientierten. Sehr oft spiegelten sich in den alltäglichen Situationen der Kinder Verhaltensweisen von Erzieherinnen wider. Zum Beispiel, wenn N. ein Stück Papier in den Mund steckte, gingen die Kinder zu ihm hin, nahmen es ihm behutsam aus dem Mund, erklärten ihm, dass es nicht gut für ihn sei, da er nur wieder Bauchschmerzen davon bekomme, und suchten ihm neue Spielmöglichkeiten oder spielten selbst mit ihm.

Die Kinder setzten sich sehr stark mit dem Thema Behinderung auseinander.

Was ist eine Behinderung?
Welche Behinderung hat N.?
Wann wird er wieder gesund?
Warum kann er nicht laufen?
Warum steckt er alles in den Mund?

M. und J. sitzen auf dem Bauteppich. M. ärgert N., worauf J. sagt: »Behinderte darf man nicht ärgern!«

N. wird sehr intensiv beobachtet, die Kinder erkennen seine Fortschritte und benennen diese. Sie loben und motivieren ihn zum Weitermachen. N. machte sehr starke Fortschritte im Bereich der Bewegung. Damit diese weiter ausgebaut und stabilisiert wurden, übten wir sehr viel mit ihm das Gehen. Wenn N. nicht mehr weitergehen wollte und protestierte, versuchten ihn die Kinder mit seinen Lieblingsspielzeugen, Musikinstrumenten, Bällen usw. zu locken, damit er wieder motiviert wurde.

Die Kinder gehen sehr geduldig mit ihm um. Sie lockern für ihn die Regeln. Wenn sie N. doch einmal zurückweisen, dann nur sehr vorsichtig und behutsam. In Kinderkonferenzen ist es bei uns eine Regel, dass die Kinder an ihrem ausgewählten Platz sitzen bleiben müssen und nicht während des Gespräches wechseln können. Wenn N. nicht mehr sitzen bleiben möchte, darf er zu jeder Zeit in der Konferenz krabbeln, niemand beschwert sich. Die Kinder machen sogar noch Platz neben sich, wenn er zu ihnen hinkrabbelt, damit er sich legen oder setzen kann.

In unserem Haus gibt es Spielzeug (Kleinteile), welches für N. nicht geeignet ist, das er aber faszinierend findet und auch immer wieder zu bekommen versucht. Die Kinder achten sehr darauf, dass solche Teile nicht auf dem Boden liegen, und suchen nach Aufbewahrungsmöglichkeiten, die N. nicht erreichen kann. Auch Kinder aus anderen Gruppen werden strengstens darauf hingewiesen.

Die Kinder der blauen Gruppe können mittlerweile sehr gut N.s Mimik, Gestik und Laute zuordnen und benennen. Freut er sich über etwas, hat er sich geärgert oder ist sauer oder fühlt er sich nicht wohl. Die Kinder unserer Gruppe klären hier oftmals Kinder aus den anderen beiden Gruppen, Eltern oder Besucher auf, was er möchte, und helfen als Vermittler bei der Kontaktaufnahme.

Situation des Kindes

N. erkundet durch Krabbeln nach kurzer Eingewöhnungszeit die Gruppe. Täglich erweitert sich der Bewegungsradius von N. Zuerst erforschte er nur Dinge, die sich im Bereich des Bauteppichs befinden, danach die weiteren Spielbereiche der Gruppe und kurze Zeit später werden der Flur und die anderen Räumlichkeiten erforscht bzw. erprobt.

N. nimmt gerne die Hilfe und Anregungen der anderen Kinder an. Ein Lieblingsspielort von N. ist der Turnraum, da Kinder hier oft Musikkassetten hören. Musik beeindruckt ihn sehr, weiterhin ist hier mehr Bewegungsfreiraum als in den anderen Räumen möglich. Hier bauen die Kinder selbstständig Bewegungsbaustellen auf, die ihn anregen, aktiv zu werden. N. beobachtet zuerst die Kinder, wie sie verschiedene Hindernisse überwinden. Dann krabbelt er zu einzelnen Stellen, die ihn besonders ansprechen, und versucht diese ebenfalls zu überwinden. Die Kinder nehmen hier besonders viel Rücksicht auf ihn, indem sie ihm viel mehr Zeit und Geduld zugestehen als anderen. Wenn sie bemerken, dass er Schwierigkeiten hat, leisten sie ihm Hilfestellungen oder bauen kurzfristig das Hindernis um, damit er es auch schaffen kann. N. freut sich danach sichtlich (er lacht und bewegt die Arme ganz schnell auf und ab), wenn er es geschafft hat, und arbeitet weiter an einer anderen Station.

N. entscheidet selbstständig und zielgerichtet nach seinen Bedürfnissen, was er spielen möchte, wo er spielen möchte und mit wem er spielen möchte. Hier ein Beispiel aus der Praxis: Wird es ihm in der Gruppe zu laut, zieht er sich in das Kuschelzimmer zurück. Ist es ihm aber in der Gruppe zu ruhig oder findet er keinen Spielpartner, schaut er sich außerhalb der Gruppe um. Angebote im Atelier finden bei N. immer großes Interesse. Sobald er sieht, dass sich etwas in dem Raum bewegt, krabbelt er sofort dorthin. Besonders gerne und ausdauernd beschäftigt er sich mit einer großen Rolle, auf der Papier aufgerollt ist. Wir schneiden ihm ein großes Stück davon ab und er beginnt sofort mit dem Material zu arbeiten. Er setzt sich darauf, deckt sich damit zu oder zerknüllt es und erzeugt verschiedene Geräusche. N. lacht dabei laut und bewegt ganz schnell die Arme und Beine als Zeichen der Freude.

N. begrüßt ihm bekannte Personen (Kinder, Erzieherinnen und Eltern) mit großer Freude und Umarmungen. Er hat gelernt, mit einfachen Spielgegenständen wie mit Bällen, Fühlkissen, Bausteinen, Murmelbahn, Rasseln zu spielen, sich länger damit zu beschäftigen, ohne diese gleich in den Mund zu stecken. Er kann gelernte Spielweisen von Spielgegenständen auf andere übertragen. N. nimmt sehr gerne neue Spielangebote vonseiten der Kinder und Erzieherinnen wahr und setzt sich mit diesen auseinander. N. ergreift auch von sich aus Eigeninitiative und krabbelt zu einzelnen Spielgruppen, beobachtet und versucht Kontakt aufzunehmen.

N. konnte im letzten halben Jahr ganz enorm seinen Bewegungsablauf verbessern und zeigt viel mehr Aktivität als in den ersten Monaten. Mithilfe eines Erwachsenen kann er an der Hand laufen. Wenn N. sich für Dinge interessiert, die vom Boden aus nicht erreichbar sind, zieht er sich selbstständig an Schränken, Regalen oder Tischen hoch, sodass er fast steht, und holt sich diesen Gegenstand.

Situation der Erzieherinnen

Für uns Erzieherinnen tauchten am Anfang viele Fragen auf, die wir mithilfe der Eltern, der Beratungsstelle, Fortbildungen, im Gespräch mit Kindern und mit unseren wachsenden Erfahrungen im Laufe der Zeit beantworten konnten. Keine von uns Erzieherinnen hatte Erfahrungen mit Einzelintegrationsprozessen, es entstanden manchmal Bedenken/Ängste, ob wir alles bewältigen können. Aber gleichzeitig waren neben diesen Bedenken auch eine große Freude und ein großer Anreiz da, etwas Neues anzufangen, womit noch keiner von uns besonders viel Erfahrung hatte.

Eine Kollegin erinnert sich an die Anfangszeit: Als ich in die bereits laufende Einzelintegrationsarbeit einstieg, dachte ich, eine Heilpädagogin sei wichtig, da sie mehr Wissen und eine andere Ausbildung hat. Mittlerweile denke ich anders darüber, denn mir ist klar geworden, dass es nicht unsere Aufgabe ist, das Kind zu therapieren, sondern als vollwertiges Mitglied in der Gruppe zu integrieren.

Situation der Eltern

Nachdem sich das Team für die Einzelintegration entschieden hatte, wurde das Vorhaben bei einem Elternabend den Eltern der betreffenden Gruppe vorgestellt. Die Resonanz war durchweg positiv, was uns Erzieherinnen als Initiatoren in unserer Entscheidung bestärkte.

Die einhellige Meinung war, dass es für ihre Kinder eine wichtige Erfahrung sein könne, frühzeitig mit Behinderten in Kontakt zu kommen und Berührungsängste abzubauen.

Jetzt, gut ein Jahr später, befragten wir die Eltern nach ihren Erfahrungen und Beobachtungen, die sie mit der Einzelintegration gemacht haben. Die Auswertung ergab: Etliche Eltern hatten vorher auch wenig Kontakt zu Behinderten, gehen jetzt unbefangener mit N. um als zu Anfang, haben Unsicherheiten und Berührungsängste abgebaut. Sie freuen sich zu sehen, dass auch behinderte Kinder sehr deutlich ihre Gefühle und Stimmungen wiedergeben. Sie erleben Behinderte als liebenswerte Menschen mit eigenen Bedürfnissen und Empfindungen. Eltern stellten fest, dass behinderte Menschen manchmal angenehmere Zeitgenossen sind als »normal funktionierende« Menschen.

Außerdem äußerten sie großen Respekt vor den physischen und psychischen Leistungen der Eltern. Als wünschenswert wurde angeführt, dass Restaurants, öffentliche Verkehrsmittel und Einrichtungen behindertengerecht gestaltet sein sollten. Im kulturellen, künstlerischen und therapeutischen Bereich sollten mehr Möglichkeiten zur Zusammenarbeit geschaffen werden, um voneinander zu lernen.

Es sollte eine Selbstverständlichkeit sein, dass behinderte und nichtbehinderte Menschen miteinander leben, arbeiten und ihre Freizeit gestalten. Dadurch wäre die Ausgrenzung und das »Im-Abseits-Stehen« vieler Behinderter ausgeschlossen und alle könnten davon profitieren.

Die jüngeren Kinder orientieren sich an der Vorbildfunktion der Erzieherinnen. Deshalb war es uns immer ein wichtiges Angebot an diese Kinder, durch unsere Person zunächst Orientierung zu geben, aber auch darauf zu achten, dass sie mit zunehmendem Alter in der Lage waren, ihre eigene Haltung zu entwickeln und nicht einfach unsere Verhaltensweisen zu imitieren. Hierzu boten wir immer wieder den Kindern sehr viel Kleingruppenarbeit an, zum Beispiel eine Erzieherin geht mit N. und zwei bis drei Kindern zusammen in unser Korkbad, sie musizieren im Turnraum, malen im Atelier ... Hier hatten auch die unsicheren Kinder genügend Zeit, um in Ruhe zu beobachten, Kontakt zu entwickeln, konnten eigene Erfahrungen sammeln und somit langsam eine eigene Haltung bilden.

Hier einige Beispiele:

- Auge/sehen: Ich sehe was, was du nicht siehst, mehrdeutige Zeichnungen betrachten und erläutern, Farb- und Formspiele, Spiele mit Guckkästen, Kaleidoskope, Zerrspiegel ...
- Ohr/hören: Hör-Lotto; mit einem Kassettenrekorder verschiedene Geräusche aufnehmen, dann abspielen und benennen, verschiedene Schütteldosen und Hörrohre werden hergestellt ...
- Haut/tasten: Es wurden Fühlkästen gebaut, Goldregenstäbe gebastelt, Tastsäckchen genäht, gematscht mit verschiedenen Materialien, Entspannungsstunden eingebaut, Rückenbilder bzw. Rückenspiele ...
- Nase/riechen: Duftorgel wurde hergestellt und ein Duftbaum errichtet.
- Bewegungssinn/Sehnen, Muskeln und Gelenke: Gewichte unterscheiden, Bewegungsspiele, bei denen die Kinder ihren Körper in verschiedenen Haltungen bewusst wahrnehmen.
- Gleichgewichtssinn/Aufrechterhaltung des Körpers, aufrechter Gang: Pedalo fahren, Stelzen laufen, mit einem Rollbrett sich fortbewegen, wippen, balancieren ...

Verschieden »prägnante« Alltagssituationen wurden im Puppentheater aufgegriffen, dargestellt und anschließend in Gesprächsrunden bearbeitet.

Wir konnten immer wieder beobachten, dass einige Kinder kleine Ruhepausen am Morgen brauchten. Deshalb wurde ein kleiner Raum, der an unser Gruppenzimmer angrenzt, renoviert und als Ruheraum ausgestattet (Decken, Polster, Kassettenrekorder mit Entspannungsmusik, Diskokugel ...). Jeder, der das Bedürfnis nach Ruhe verspürt, kann sich in diesen Raum zurückziehen und sich erholen. In diesem Raum werden auch auf Wunsch von Kindern oder Erzieherinnen Goldregenstunden, Entspannungsstunden und Vorleserunden durchgeführt.

Durchführung

Ziele: Was wollen wir erreichen?

Die Kinder, N. und die Erzieherinnen sollen sich ganz zwanglos kennen lernen, Kontakte aufbauen und Bezug zueinander bekommen, jeder in seinem eigenen Tempo und Ermessen.

Die Kinder sollen Hintergrundwissen über Behinderung/Behindertsein erlangen. Für einige Kinder ist es das erste Mal, dass sie mit dem Thema Behinderung, Anderssein konfrontiert werden. Sie sollen Informationen bekommen, die man gemeinsam in Erfahrung bringt oder erarbeitet, wie zum Beispiel, dass eine Behinderung nichts mit einer Krankheit zu tun hat, die man mit Medikamenten heilen kann; sondern dass man Umgangsformen finden muss, um gut mit einer Behinderung leben zu können.

Die Personengruppe, mit denen N. in Kontakt kommt, soll erweitert werden. Die Kinder und Erzieherinnen, besonders aus anderen Gruppen, sollen möglichst viel Kontaktmöglichkeiten zu N. haben, damit sie sich kennen lernen. Es sollen Erfahrungen gemacht werden, damit sich später auch Freundschaften entwickeln können.

Ein weiteres Ziel ist es, dass die Kinder weiterhin motiviert und sensibilisiert werden, Bedürfnisse anderer wahrzunehmen und darauf einzugehen. Die schon vorhandene gute Basis in der Gruppe, sich für andere einzusetzen, Hilfestellungen zu leisten, auch mal zugunsten eines anderen von den eigenen Interessen abzuweichen und andere Menschen zu unterstützen, soll weiterhin gefördert werden.

In unserer reizüberfluteten Umwelt wollen wir Kindern die Möglichkeit bieten, bewusst Reize wahrzunehmen, diese zu erforschen, zu experimentieren und daraus zu lernen. Eine wichtige Grundvoraussetzung für eine gute kognitive (geistige) Entwicklung ist:

Erst ergreifen, dann begreifen

N. konnte ganz enorme Fortschritte in der Motorik/dem Bewegungsablauf machen, außerdem seine Motivation dahingehend steigern, dass er seine Erkundungsgänge erweitert, neue Reize erfährt, die Bewegungsfreudigkeit angeregt bzw. gefördert wird und die Sinne noch mehr aktiviert werden.

Die Kinder sollen lernen, bewusst auf ihren Körper zu achten, ihre Bedürfnisse zu erkennen, diese verbalisieren (äußern) und Möglichkeiten finden, diese auszuleben, ohne andere damit in ihrem Freiraum zu stören.

Alle sollen erleben, dass N. ein genauso wichtiges Mitglied unserer Gruppe ist wie alle anderen auch, mit nicht mehr und nicht weniger Rechten.

Angebote, wie wollen wir dies erreichen?

In Kinderkonferenzen wollen wir gemeinsam über offene Fragen, Beobachtungen und Erfahrungen reden und uns dazu austauschen. Sollten auf Fragen keine Antworten gefunden werden, gehen die Kinder und die Erzieherinnen Informationsquellen ausfindig machen. Für uns gab es hilfreiche Informationen zum Beispiel in Bilderbüchern, themenbezogenen Fachbüchern, durch die Befragung von Fachleuten (Eltern von N., Fachpersonal von der Frühförderstelle, Beratungsstelle), die uns Rede und Antwort standen …

Durch die Bereitstellung verschiedener Rollenspielutensilien sollen die Kinder weiterhin angeregt werden, sich mit ihren Erfahrungen auseinander zu setzen/einzufühlen, diese gegebenenfalls nochmals zu durchleben und eigene Umgangsmöglichkeiten zu finden.

Damit N. weiterhin zum Aktivsein angeregt wird, beobachten Kinder und Erzieherinnen genau. Was interessiert ihn? Welche Medien sprechen ihn an? Auf welche Materialien reagiert er besonders? Sie versuchen gemeinsam, für N. Spielgegenstände zu entwickeln und Spielsituationen zum »Aktivwerden« herzustellen. Hier ein Beispiel aus unserem Alltag: Wir konnten beobachten, dass N. sehr gerne mit glänzenden, weichen und klingenden Spielgegenständen spielt und er große Anstrengungen in Kauf nimmt, um diese zu bekommen. So entwickelten wir eine Trockendusche (Kuchendraht, an dem ganz viele Schnüre befestigt sind und der von der Decke in den Raum ragt) mit klingenden und glitzernden Spielmaterialien. Diese Trockendusche wurde so im Raum angebracht, dass sie nicht in liegender Position erreicht werden konnte. Wenn man die Materialien erreichen will, muss man sich schon hinknien. So wurde N. motiviert, seine liegende Haltung zu verlassen und sich in einer anderen Körperhaltung auszuprobieren. Diese Trockendusche wird immer wieder mit anderen Materialien bestückt, je nach Bedürfnis oder Interessenlage.

Wir Erzieherinnen stellten fest, dass es für die Entwicklung von N. und für viele Kinder sehr wichtig war, sich mit der Sinneswahrnehmung zu beschäftigen. Deshalb experimentierten wir zunächst mal mit unseren Sinnen.

Mit wem können wir zusammenarbeiten?

- Eltern,
- Träger,
- Frühförderstelle,
- Fortbildungen afw Darmstadt,
- Fachberatung Diakonisches Werk,
- Jugendamt.

Reaktion/Reflexion

Wenn wir jetzt nach eineinhalb Jahren zurückblicken, erinnern wir uns an sehr viele Situationen, in denen nichtbehinderte Kinder ganz selbstverständlich und natürlich (ohne Vorbehalte, ohne Ausgrenzung) mit N. umgingen. N. ist mittlerweile sehr gut in die Gruppe bzw. in der ganzen Einrichtung integriert und bei allen akzeptiert.

Die Integration, das Projekt »Anders sein, na und?« war für alle Beteiligten eine wichtige Lernerfahrung und ist zu einer Bereicherung für unseren weiteren Lebensweg geworden. Durch die gemeinsame Erziehung von Kindern mit und ohne Behinderung kamen für Kinder, Erzieherinnen, Träger und Eltern neue Anforderungen hinzu. Wir alle mussten uns mit gesellschaftlichen Werten und Normen in Bezug auf »Normalität«, Behinderung und Lebensbedingungen für Menschen mit einer Behinderung auseinander setzen und stellten immer wieder fest, dass in unserer Gesellschaft noch vieles für Menschen mit einer Behinderung getan werden kann und auch muss. In diesen Gesprächsrunden stießen wir auf offene Fragen, die anregten, uns weiter mit der Thematik zu beschäftigen. Sehr hilfreich dabei waren uns folgende Punkte: Literatur, Fortbildungen und der Austausch mit Fachleuten/Eltern. Hierbei entstanden immer wieder neue, interessante Erkenntnisse, die uns auch dazu befähigten, eine Person oder Situation von einer anderen Perspektive zu sehen, so dass sich unsere Wahrnehmung veränderte.

Sowohl unser Einzelintegrationskind als auch alle anderen Kinder der Gruppe konnten sehr viele und interessante Erfahrungen machen und neue Kenntnisse sammeln, die sie mit Sicherheit in ihrer Entwicklung ein großes Stück weitergeführt haben und sich auch bereichernd auf die Persönlichkeit aller auswirken. Für die Kinder ist Behinderung und »Anderssein« zu einer Normalität im Leben geworden. Wir alle sehen die Andersartigkeit eines jeden nicht mehr als Problem, sondern als Bereicherung in unserem Leben. Jeder Mensch hat seine Stärken und Schwächen. Wenn man jeden so annimmt, wie er ist, und versucht ihn zu verstehen, entstehen ganz neue Perspektiven und eine große Vielfalt an neuen Erfahrungen, die unser aller Leben reicher und lebendiger gestalten.

Hintergrund

Egbert Haug-Zapp

Der Blick in die pädagogische Weite und die Enge der Rahmenbedingungen

Der Situationsansatz führt in der Tat in die Weite. Blättert man zum Beispiel in Jürgen Zimmers »Das kleine Handbuch zum Situationsansatz« (Ravensburger Verlag 1998), so fallen die Illustrationen auf, die wenig sozialpädagogischen Alltag veranschaulichen, umso mehr aber die Bewegung ins Weite. Schon auf dem Deckblatt schweben neben den für die Buchstaben obligaten Bauklötzen die Kinder in einem als Globus gezeichneten Fesselballon in den blauen Himmel. Und dann sieht man viele dynamische Symbole: dicke Pfeile, die dringlich nach vorne weisen, schwungvolle Fragezeichen, rennende und schaukelnde Kinder, dann auch viel Internationales vom multikulturellen Händeschütteln bis zur Iglu-Kita der Eskimos ... Traditionelle pädagogische Szenen dagegen sind meist in der Nähe zur Karikatur dargestellt: Basteln nach Schablonen, Käfig, Lasso ...! Hier, beim Situationsansatz also, so lautet unübersehbar die Botschaft, geht es offenkundig um Ausbruch aus Gängeln und Führen, um Aufbruch zu Entdeckungsreisen in sozialpädagogisches Neuland.

Und doch wirkt das alles schon reichlich eingeschränkt, misst man den hierzulande rezipierten Situationsansatz an seiner bedeutsamsten Wurzel, dem pädagogischen Konzept des brasilianischen Pädagogen Paolo Freire. Heute noch spüre ich die Aufregung, mit der ich vor über 25 Jahren Paolo Freires eben erschienene Programmschrift »Pädagogik der Unterdrückten« gelesen habe. Die Buchbesprechung begann sinngemäß mit dem Satz: »Es gibt Bücher, nach deren Lektüre man einfach nicht mehr so weitermachen kann wie davor.«

Freire und mit ihm der Situationsansatz wollen Sozialpädagogik aus einer vermeintlichen politischen Neutralität befreien, diese Neutralität als verschleierte Parteinahme für die bestehenden Gesellschaftsverhältnisse entlarven – vor allem aber soll eine bewusste sozialpädagogische Alternative aufgebaut werden: von der Pädagogik für Unterdrückte zur Pädagogik der Unterdrückten. Das heißt: Subjekte des pädagogischen Prozesses werden diejenigen, die bisher bestenfalls seine Objekte waren. Pädagoginnen sind nicht mehr die Leitenden und Lehrenden, aber auch nicht die Quasi-Mütter, sie werden aufgrund einer in intensiver Teilnahme am Leben der Benachteiligten gewonnenen Analyse der Situation und einer klaren Parteinahme für Gerechtigkeit und Befreiung zu Anstiftern von Prozessen, in den sich die Unterdrückten selbst befreien. Eine eigenständige Berufsrolle der Sozialpädagogin, unabhängig von den Leitbildern Lehrerin oder Mutter, wurde erkennbar. In hoher Solidarität mit den Benachteiligten werden Prozesse initiiert, die eine umfassende und befreiende Wirkung auslösen. Pädagogik wird zum Potenzial der Veränderung gesellschaftlicher Verhältnisse, eine Alternative auch zu deren gewaltsamer Veränderung.

Was hier nur in dürren Strichen angedeutet ist, das gewann Farbe in den Berichten der realen Umsetzung dieses Konzeptes in Brasilien und Chile, Nicaragua oder Guinea-Bissau – und diese Bilder leuchteten ein. Pädagogik als Hilfe zur Befreiung aus ungerechtfertigten Besitzverhältnissen, als Hilfe zur Aufhebung ungerechter Machtverhältnisse zwischen Landbesitzern und Landarbeitern, zwischen Männern und Frauen, zwischen Erwachsenen und Kindern, als Befreiung von äußeren und inneren Folgen der Kolonialisierung, der Beherrschung, der Ausbeutung … Was Freire entwarf und erfolgreich in Praxis umsetzte, war aber nicht nur eine Alternative zur politischen Scheinneutralität der Pädagogik, sondern auch zu zentralistisch gesteuerten Lernprozessen, wie etwa in Kuba. Dort wurde höchst erfolgreich von oben eine Aphabetisierungskampagne verordnet. Dieser Erfolg war die bewundernswerte Senkung der Analphabetenrate, also die massenhafte Vermittlung der Kulturtechniken Lesen und Schreiben, nicht aber zugleich auch die Befreiung der Belehrten, Subjekt ihres eigenen Lernprozesses zu sein.

Beschäftigung mit dem Situationsansatz führte jedenfalls in die Weite der »Dritten Welt« … Und sie führte in das schwierige Thema Pädagogik und Politik. Pädagogik, die nicht der Befreiung diente, war entlarvt als Pädagogik der gesellschaftlichen Besitzstandwahrung, als Lernen nach der Bankiers-Methode, das Speichern toter, scheinbar objektiver Wissensbestände. Beschäftigung mit dem Situationsansatz weckte Interesse an der Dritten Welt. Dieses Interesse konnte zur Frage nach der Dritten Welt in der Ersten werden. In der sozialpädagogischen Arbeit in sozialen Brennpunkten wurde Freire hierzulande am deutlichsten aufgenommen.

Schwieriger war dieser Ansatz durchzuhalten in ganz »normalen« Tageseinrichtungen für Kinder. Denn nicht das mit Geld oder deutschen Spielsachen bedachte »Patenkind« irgendwo in der »Dritten Welt« entspricht dieser Weite. Diese voreilige Helferpose öffnet gerade nicht den Blick für Ursachen von Armut und Möglichkeiten von deren Überwindung. Eher ist das Einüben multikulturellen Lebens in der Gruppe die Umsetzung dieses Ansatzes. Hier wird kulturelle Vielfalt als Reichtum wahrgenommen und nicht als Bedrohung. Die Benachteiligten werden als andersartig, aber gleichwertig betrachtet.

Jedenfalls aber weckte Freires Ansatz die Sozialpädagogik aus politischer Beliebigkeit und Lethargie, ohne für hierzulande fertige Rezepte liefern zu wollen oder zu können. Dies war ein aufregender, aber auch verwirrender Impuls.

In der Elementarpädagogik trat der politische Horizont relativ schnell wieder in den Hintergrund. Die üblichen Situationsanalysen haben selten den Horizont, den Analysen in der Schule Freires haben: ein Aufspüren von Schlüsselthemen zum Bewusstmachen von Herrschaftsverhältnissen und Ungerechtigkeiten und eine solidarische Arbeit an deren Überwindung.

Nur formalisiert, aber weithin ohne die politischen und ethischen Implikationen und ohne die religiösen Wurzeln, blieb in situationsorientierter Arbeit die Schrittfolge übrig: eine für die Interessen und Bedürfnisse der Betroffenen offene Planung auf der Basis einer wie auch immer gearteten Analyse und einer wie auch immer begründeten Zielsetzung.

Begriffe wie generative Themen, Schlüsselsituationen und Schlüsselqualifikation wurden zunehmend ihres politischen Ursprungs entfremdet, die Frage der gesellschaftlichen Zielbestimmungen blieben oft ausgeblendet.

Wahrscheinlich deshalb kämpft der Situationsansatz immerzu damit, dass er verwechselt wird mit einer gesellschaftlich beliebigen Anlasspädagogik oder einer beliebigen Individualisierung, wobei die Erzieherin dann wieder Subjekt des Prozesses und die Kinder Betreuungs- oder Erziehungsobjekte werden können – all das dann unter dem Firmenschild »Situationsansatz«.

Anders dort, wo der Situationsansatz reflektiert wurde, auch wenn er seinen gesellschaftskritischen Biss bei der Übertragung auf die hiesige gesellschaftliche Situation und auf die Arbeit mit Kindern verloren hat.

»Wir würden ja gerne, aber ... der Träger ... die Eltern ...«

Viele Menschen neigen dazu abzulehnen, was sie nicht kennen. Für Erzieher und Erzieherinnen ist es oft schon schwierig genug, die Kollegin, den Kollegen zu überzeugen. Ist diese Hürde genommen, sieht man freie Bahn und legt los. Was passiert? Der Träger und/oder die Eltern fühlen sich von einer neuen Arbeitsweise bedroht und blockieren. In einer solchen Situation hilft nur, sich selbstkritisch zu fragen, ob beide Personengruppen wirklich ausreichend im Vorfeld informiert wurden. Bis Neuerungen sich durchsetzen, brauchen alle Beteiligten Zeit und Raum, um sich damit anfreunden zu können. Das gilt ganz besonders für Träger, die oft keinen so unmittelbaren Einblick in die Arbeit haben und deshalb gar nicht einsehen, warum etwas geändert werden soll. Und noch mehr gilt das für Eltern, die Ihnen ihr Bestes anvertraut haben, nämlich ihre Kinder. Für dieses Beste soll es dann auch nur das Beste sein. Aber wenn man keine Kriterien und keine Vorstellung davon hat, was wirklich gut ist, hält man eben an dem fest, was man kennt. Das ist doch eigentlich verständlich – oder?

Es hilft also nur, auch Träger und Eltern Zeit zu lassen, sie gut informieren, kleine erste Schritte machen (zum Beispiel mit Gesprächskreisen für Kinder) und diese dokumentieren. Wenn Eltern merken, dass ihre Kinder gut aufgehoben sind und noch lieber in den Kindergarten kommen, sind sie Ihre stärksten Verbündeten.

Es waren zwar eher politische Bewegungen, die den politischen Horizont in der pädagogischen Diskussion immer wieder aufleuchten ließen: Die Friedensbewegung stellte die Frage nach einer Erziehung zur Friedensfähigkeit, die Umweltbewegung stellte die Frage ökologischer Erziehung, die Frauenbewegungen die Frage nach koedukativen bzw. geschlechtsspezifischen pädagogischen Konzepten. Hier wurde denn auch Beachtliches geleistet. Das pädagogische Bewusstsein engte sich aber jeweils immer wieder ein, wenn die unabhängig von der Pädagogik laufenden Bewegungen zurückgingen. So erlag die Friedenspädagogik fast zeitgleich mit dem Versiegen der Friedensbewegung, obwohl keine der friedenspädagogischen Aufgaben wirklich gegenstandslos geworden ist.

Nach meinen Beobachtungen waren aber ganz bewusst dem Situationsansatz verpflichtete Einrichtungen viel stärker bereit und geneigt, solche extern formulierten Problemstellungen aufzunehmen und im Rahmen ihrer Arbeit mit Kindern und Eltern mindestens zuzulassen. Wenn auch Freires Ansatz domestiziert wurde, so blieb doch diese Wurzel nicht folgenlos.

Dies soll nun im Folgenden noch etwas konkreter aufgezeigt werden, und zwar an den zehn programmatischen Eckpunkten, die Hedi Colberg-Schrader und Marianne Krug in der demnächst erscheinenden Überarbeitung ihres Situationsansatz-Klassikers »Arbeitsfeld Kindergarten« als derzeitiges programmatisches Profil des Situationsansatzes benennen. Die hier wiedergegebenen Zitate sind einem Vortrag von Marianne Krug in den Evangelischen Ausbildungsstätten für sozialpädagogische Berufe am Elisabethenstift in Darmstadt am 22. Oktober 1998 gehaltenen Referat entnommen.

1. **»Der Situationsansatz ist ein institutionskritischer Ansatz«**
   Institutionskritik heißt für die Autorinnen vor allem die Öffnung der Einrichtung für die Mitwirkung von Kindern und Eltern, Öffnung zu Personen und Lernorten im Gemeinwesen. Es geht also eher um die selbstkritische Reflexion professioneller Erstarrung als um die billige, nur scheinbar politische Kritik an irgendwem »da oben« in Trägerfunktion oder in politischen Gremien.
   Gemeinwesenbezogene Arbeit macht nicht nur zusätzliche Arbeit, sondern die Öffnung gibt auch den Blick von außen in die Einrichtung frei und ermöglicht damit auch Kritik und Auseinandersetzungen. Dazu freiwillig bereit zu sein ist in der Tat schwer, wenn die Personaldecke an allen Ecken und Enden schon zu klein ist, die Anforderungen ständig wachsen, Stellenanhebungen aber kaum mehr möglich erscheinen.
   Und wie schwer ist es für eine Berufsgruppe, sich selbst infrage zu stellen, die gerade wieder einmündet in eine Phase steigender Arbeitslosigkeit, also allen Grund hat, ergatterte Positionen zu verteidigen, eine Berufsgruppe zudem, die mühsam genug und bisher noch wenig erfolgreich darum kämpft, als professionell ernst genommen zu werden.

2. **»Kinderleben in Veränderung«**
   Erzieherinnen, die nach dem Situationsansatz arbeiten, haben keine fertigen Bilder über Kinder und Familien, sondern sie haben gelernt zu fragen, wie denn nun die Lebenssituation und der Entwicklungsstand dieser Kinder sind. Das schafft Offenheit und Flexibilität, aber auch permanente Unsicherheit und Unabgeschlossenheit. Und sie fragen nicht nur, wie die Kinder in die Welt eingepasst werden können, sondern auch, wie die Umwelt kinderfreundlicher werden kann. Es gilt immer noch: Der Fortschritt hat kinderfeindliche Züge. Welche Anstren-

gung kostet es, permanent gegen diesen Strom zu schwimmen und Kinderfreundlichkeit zu mehren oder wenigstens zu erhalten. Und wer, selbst erwachsen geworden, kann eigentlich wissen, was kinderfreundlich für die heutigen Kinder ist? Und wie in dieser Unsicherheit über den eigenen beruflichen Handlungsrahmen hinaus agieren?
Dies zu leisten wird erwartet von Frauen, die damit beschäftigt sind, für sich selbst eine Lösung zu finden für ihre spezifische Ausgestaltung der prekären Balance zwischen Familien- und Berufsarbeit. Denn die Hoffnung, dass dieser Ausgleich zwischen eigener Berufstätigkeit und Familie im Erzieherinnenberuf gelingen kann, scheint wohl eines der zentralen Berufswahlmotive zu sein. Das aber heißt: Erzieherinnen sind vorrangig damit beschäftigt, die eigene Lebenssituation in der Doppelrolle von Beruf und Familie zu bewältigen, ein ständiges Engagement für die Veränderung der Lebenssituation anderer scheint eine Überforderung zu sein.

3. **»Kinder stehen im Mittelpunkt«**
Erneut geht es dabei um die Zumutung, nicht tradierte Konzepte, auch nicht die des Situationsansatzes, weiterzupflegen, sondern nach den Bedürfnissen der Kinder zu fragen, die jetzt in der Gruppe sind. Wie entlastend dagegen pädagogische Konzepte, die vorgeben zu wissen, was »die« Kinder mit drei Jahren oder sechs brauchen oder nicht.
Der Kampf gegen die Jahreszeitenpädagogik, die unabhängig von Situation und Bedürfnissen der Kinder ihre Themen setzte, war 1967 nötig. Heute muss Kindern Natur und damit nicht zuletzt der Kreislauf des Jahres erlebbar gemacht werden. Wenn die Notwendigkeit, Kindern den Jahreslauf erlebbar zu machen, Ergebnis einer Analyse der Situation von Kindern ist, so ist dies eben nicht ein Verlassen des Situationsansatzes, sondern dessen Verwirklichung in einer veränderten Situation.
Damit freilich aber sind die Erfahrungen und Erfolge von gestern kein Garant mehr für die Arbeit heute. Es ist eine ungeheure Zumutung, immer wieder professionell gewonnene Erfahrungen angesichts neuer Situationen zu relativieren. Lassen die Arbeitsbedingungen zu, dieses immer wieder von vorne zu beginnen? Halten wir es durch, dass nur die Fragerichtungen Permanenz haben, aber nicht die Antworten und die gewonnenen Lösungsversuche? Halten es Erzieherinnen durch, nicht aus dem Schatz gesammelter Erfahrungen zu leben, sondern immer wieder neu zu beginnen, die Bedürfnisse der Kinder wahrzunehmen?
Was, wenn Kinder heute einen erkennbaren Bedarf an Stille und Meditation haben, die Erzieherinnen dies auch durchaus erkennen und akzeptieren, selbst aber gerade dabei sind, sich freizuschwimmen von einer eher traditionalistischen religiösen Sozialisation? Wo gibt es die Möglichkeit, solche Zumutungen zu klären, zu beraten und umzusetzen?

4. **»Kinder lernen in ihrem Alltag«**
   Kinder lernen in ihrem Alltag – ein sinnvolles Programm für Tageseinrichtungen, wenn Kinder immer mehr aus Alltagsvollzügen ausgeklammert und in pädagogischen Inseln betreut werden. Aber es gilt eben auch für Tageseinrichtungen: Kinder lernen im Alltag des Kindergartens, sich gesund zu ernähren – wenn eben Naturkost nicht als zu teuer betrachtet werden muss. Kinder lernen im Alltag der Tageseinrichtung, Essen zuzubereiten und mit Esskultur zu genießen – wenn es eben aus Kostengründen nicht vorgezogen werden muss, sich das Essen anliefern zu lassen und aus Plastiktellern zu essen. Kinder lernen im Alltag des Kindergartens, Stille zu erfahren und Umwelt mit allen Sinnen wahrzunehmen – wenn eben die Tageseinrichtung nicht an einer Stadtautobahn oder in der Einflugschneise des Flughafens liegt und die Erzieherinnen notorisch Stress ausagieren.
   Sicher, all dies sind keine unüberwindbaren Mauern. Es geht jeweils auch anders, meist aber mit großem Aufwand an Wahrnehmungsvermögen, Fantasie und Widerstandskraft der Erzieherinnen. Und die Kraft erlahmt schnell, wenn eine Erzieherin schon im Team keine Gleichgesinnten findet und von den Eltern kaum mehr als ein Lächeln kommt.

5. **Autonomie und Kompetenz als Erziehungsziele**
   Autonomie und Kompetenz sind fast schon zur pädagogischen Selbstverständlichkeit geworden – sicher auch dank der situationsorientierten Arbeit, die diese Ziele zusammen mit der Solidarität, von der noch zu reden sein wird, unermüdlich propagieren. Aber wie es bei pädagogischen Erfolgen eben so zu sein scheint, der Erfolg wird mit Verflachung bezahlt. So warnen Hedi Colberg-Schrader und Marianne Krug vor einer pädagogischen »Autonomie«, die dazu dient, Kinder – sie abschiebend – zugleich zu vernachlässigen und zu überfordern. Anders gesagt, die kindgerechte Erziehung zur Autonomie ist ein sehr schwieriges Geschäft, das nur mit »unsere Kinder dürfen selbst entscheiden« nicht einzulösen ist.
   Erziehung zur Autonomie setzt zumindest um ihre Autonomie bemühte Erzieherinnen voraus. Und autonome Erzieherinnen brauchen einen Arbeitsrahmen, in dem sie autonom – und zugleich solidarisch – sein könnten. Träger tun sich damit gerade in Zeiten, in der nach außen darstellbare Profilierung gefragt ist, eher schwer. Für Erzieherinnen ist es in Zeiten wachsender Konkurrenz um Arbeitsplätze auch nicht leicht, Vielfalt ohne Konkurrenz und Angst zu gestalten.
   Leichter scheint es mit der Kompetenz, nach der nun wirklich alle rufen. Bildung ist das neue Zauberwort in der Elementarerziehung. Aber wie weit sind wir gerade unter diesem Stichwort von der an den Bildungsinteressen der Benachteiligten orientierten Sozialpädagogik Freires entfernt? Welche Kompetenzen brauchen welche Kinder – heute und in 25 Jahren? Welch eine schwierige, letztlich nicht beantwortbare Frage! Und ErzieherInnen sollen sie doch en passant beantworten.

6. **»Kinder üben Solidarität«**
   Die Aufgabe der Solidarität ist – das Sozialwort der Kirchen hat es verdeutlicht – gewachsen: Es geht nicht mehr nur um Solidarität mit den Unterdrückten – um die geht es aber auch noch, denn deren Unterdrückung ist keineswegs geringer geworden –, Solidarität ist auch angesagt im Blick auf die Bewahrung der Schöpfung und den Erhalt des Friedens.
   Und dies also soll im erzieherischen Alltag eingelöst werden: der Kindergarten als Ort der Gewalt- und Suchtprävention, der Kindergarten als ökologisches Modell ...
   Und wieder: Wie sollen Erzieherinnen unter Umständen, die eine intensive Beschäftigung mit diesen Fragestellungen kaum zulassen, diese ja durchaus vernünftigen Programme einlösen? Wie sollen sie nicht resignieren oder verzweifeln?

7. **»Kinder lernen in sozialen Bezügen«**
   Lernen als individuell, in Konkurrenz zu anderen erworbener Wissens- und Kompetenzzuwachs oder »Lernen in sozialen Bezügen« – das ist durchaus eine programmatische Alternative. Und mit seinem Pochen auf den Vorrang des sozialen Lernens hält der Situationsansatz ebenso wie mit der Zielvorstellung »Solidarität« an seinem Erbe fest.
   Soziales Lernen schließt Bildung, Entdecken und Üben von Fertigkeiten nicht aus, stellt diese Vollzüge aber in einen Rahmen, durch den sie Orientierung und Zusammenhang erhalten.
   Gerade wenn die Betonung des sozialen Lernens nicht zu einem Alibi für die pädagogische Unterforderung der Kinder führen soll, verlangt es hohe sozialpädagogische Kompetenzen und ein Mitgehen mit den Kindern ohne die Sicherung verbindlicher Planungen.
   Und wieder sind wir bei den Faktoren Zeit, Erzieherinnen-Kinder-Relation – bei den Rahmenbedingungen also ebenso wie bei der Qualifikation der Erzieherinnen.

8. **»Altersgemischte Gruppen und Öffnung von Gruppen«**
   In dieser Option konkretisiert sich das »Lernen in sozialen Bezügen«, indem bewusst Gruppen mit Entwicklungsunterschieden gebildet werden. Von diesem Ziel her ist es dann nur noch ein kleiner Schritt, bewusst auch die Integration von Kindern mit und ohne Behinderung zu wollen. Integration unterschiedlicher Kinder anstelle von Anpassung von Minderheiten an eine Mehrheit ist eine pädagogische Option mit durchaus unmittelbar politischer Relevanz. Kirchliche Tageseinrichtungen haben mit der »Option für die Benachteiligten« ein zusätzliches Motiv für diesen Ansatz.
   Nun ist wiederum unbestritten, dass Arbeit in – sozial, kulturell, religiös, leistungsmäßig – gemischten Gruppen zwar sehr reizvoll und ergiebig sein kann, aber eben auch sehr viel Differenzierung und Individualisierung der pädagogischen Bezüge braucht.

Nach Lernleistung selektierte Gruppen mit einheitlichem Anspruchsniveau, wie in den Schulen üblich, haben es in dieser Hinsicht leichter. Der entscheidende Punkt für ein Gelingen des anspruchsvollen Programms ist hier wiederum die Erzieherinnen-Kinder-Relation. Von ihr wird abhängen, ob interessierte und kompetente Erzieherinnen die »Pädagogik der Vielfalt« ausbuchstabieren oder ob sie in dauerhafte Überforderung geraten, aus der innere oder äußere Kündigungen als letzte Auswege bleiben.
Öffnung heißt immer auch wechselseitige Offenheit der Erzieherinnen zueinander. Offenheit heißt immer auch: Unterschiede werden deutlich und Fehler werden offenkundig. Arbeit in Offenheit braucht ein Klima, in dem Fehler »erlaubt« sind, ja in dem Fehler Einzelner als Lernchance für alle akzeptiert werden. Das »Lob des Fehlers« braucht ein Klima, das Misstrauen und Konkurrenzneid unter Kolleginnen hinter sich gelassen hat, braucht Träger, die auf misstrauische Kontrollen und Ausspielen der Mitarbeiterinnen gegeneinander verzichten.

9. **»Offene Planung heißt nicht Nichtplanung«**
»Anlassdidaktik« spart Kräfte. Es gibt immer etwas, das sich thematisieren lässt. Anlassdidaktik ist der Situationsansatz ohne Analyse, Zielbestimmung und Planung, also das Gegenteil des Situationsansatzes, auch wenn es oft verwechselt wird und auf den ersten Blick – aber nur auf diesen – verwechselbar erscheint.
Offene Planung heißt zu planen und den Plan in Kommunikation mit anderen korrigieren zu können. Offene Planung braucht statt Starrheit Kommunikation nach innen und Dokumentation, die ja auch Rechtfertigung einschließt, nach außen. Offene Planung heißt auch, Fehler zu erkennen und aus ihnen zu lernen. All dies impliziert hohe Anforderungen an die Mitarbeiterinnen und einen Freiraum im Zeitbudget und kompetent unterstützende Begleitung der Mitarbeiterinnen.

10. **»Eltern sind auf allen pädagogischen Entscheidungs- und Handlungsebenen gefragt«**
Die alte Debatte, dass der Kindergarten familienergänzend und nicht familienersetzend sein dürfe, war deshalb so unbefriedigend, weil sie vom Angebot des Kindergartens her geführt wurde. Von den Kindern her gedacht, geht es um den unterschiedlichen Unterstützungsbedarf unterschiedlicher Familien, dem der Kindergarten mit seinen – begrenzten – Möglichkeiten zu entsprechen versucht.
Es geht also nicht mehr darum, wer sich wo einmischt, manche Eltern ungebeten in den Kindergarten und manche Erzieherinnen ungebeten in die Familienerziehung.
Das geforderte Miteinander setzt freilich ein Vertrauensverhältnis voraus, das unter anderem auch einen hohen Anspruch an die Durchlässigkeit der Grenzen zwischen Beruf und Privatbereich der Erzieherinnen stellt, der sich schwer einlösen lässt bei kurzer Berufsverweildauer, häufigem Wechsel der Mitarbeiterinnen, bei vielen Halbtagsstellen.

Wie sich relativ kontinuierliche und dichte Beziehungen zwischen Familien und Erzieherinnen herstellen lassen, ist ein noch ungelöstes Kapitel der Umsetzung des Situationsansatzes auf hiesige Tageseinrichtungen.

Der Situationsansatz wurde nicht zuletzt seiner Offenheit wegen von den Trägerverbänden, die in der Liga der freien Wohlfahrtspflege verbunden sind, als konsensfähiges Konzept akzeptiert. Caritas und Diakonie, die beiden den Kirchen verbundenen Trägerverbände, zahlenmäßig mit weitem Abstand die größten, haben aus ihrem kirchlichen Fundament eine Menge an Übereinstimmungen zu diesem sozialpädagogischen Ansatz und in ihrer bewussten kirchlichen Verordnung einige zusätzliche Elemente.

Der Situationsansatz kann auch als ein sozialpädagogisches »Säkularisat« kirchlicher Überlieferung gesehen werden, das heißt, in ihm sind Erbteile der kirchlichen Überlieferung aufgefangen, die auch unabhängig von der direkten Ableitung aus religiösen Begründungen Geltung beanspruchen und im pädagogischen Diskurs ohne diesen Begründungszusammenhang legitimierbar sind. So kann es durchaus sein, dass sich ihrer christlichen Ursprünge nicht bewusste Einrichtungen »christlicher« sind als betont kirchliche Einrichtungen, denen die Umsetzung ihrer religiösen Überlieferung in pädagogische Qualität nicht gelingt.

Die Aufwertung der Kinder zu Subjekten des Erziehungsprozesses, Solidarität insbesondere mit den Benachteiligten, Integration unterschiedlicher Menschen, Betonung der Bedeutung des sozialen Lernens, all dies sind Gemeinsamkeiten im Menschenbild, Sinn- und Wertbereich. Nicht zufällig entstand Paolo Freires Konzept im Zusammenhang mit der Arbeit der südamerikanischen Basisgemeinden und nicht zufällig fand er nach der politisch bedingten Vertreibung aus seiner Heimat seinen neuen Wirkungsort beim Ökumenischen Rat der Kirchen in Genf. Nicht nur der Blick in die politische Weite, sondern auch der in die religiöse geht dem Situationsansatz leicht, aber nicht folgenlos verloren.

Der explizit erhaltene Bezug zur kirchlichen Überlieferung bringt Tageseinrichtungen in kirchlicher Trägerschaft einige zusätzliche Chancen und Aufgaben.

- Die »Option für die Benachteiligten«, die zum Allgemeingut kirchlicher Zielbeschreibungen geworden ist, befreit zur bewussten Parteilichkeit mit Benachteiligten, seien es nun Kinder von Asylsuchenden, Kinder mit Behinderungen oder Kinder in sozialen Brennpunkten. Es wäre ein sozialpolitisch wichtiger Schritt, dass kirchliche Mittel in Gestalt von Menschen und Rahmenbedingungen in dem Maße auf die Benachteiligten konzentriert werden, wie die öffentlichen Hände die Finanzierung der Regeleinrichtungen übernehmen, zu der sie der Rechtsanspruch auf einen Kindergartenplatz ja auch verpflichtet.
- Wie Kirche wesensmäßig diakonisch orientiert sein muss, so ist sie auch aus ihrem Selbstverständnis heraus ökumenisch. Ökumene heißt »Weltkreis« nicht binnenkirchlicher Dialog, ökumenisch ist Kirche, wenn sie auf ihre Weise »globalisiert«, also durch Kommunikation und Hilfe, nicht durch Machtkonzentration und Verdrängungswettbewerb.

- Interreligiöses Lernen kann ein wesentlicher Beitrag kirchlicher Einrichtungen zum Erhalt des sozialen Friedens in diesem Lande sein. Interreligiöses Lernen, das heißt bewusste Akzeptanz unterschiedlicher religiöser Traditionen, Hilfen zur Gewinnung spezifischer religiöser Identität und eine wechselseitige Bereicherung im Dialog und in Toleranz.
- Personalförderung statt formaler Kontrollen ist ein inneres Handlungsprinzip kirchlicher Arbeit. Personalförderung freilich, die orientiert ist am Bedarf der Kinder und ihrer Familien und nicht an kirchlichem Bedarf, ist keine Selbstverständlichkeit. Kirchliche Kindergärten haben in der Regel den Vorteil, relativ kleine Einheiten zu sein, relativ dezentral organisiert, relativ unbürokratisch und personennah. Das Engagement der Kirchen ist deshalb nicht zufällig im Bereich Fachberatung und Fortbildung (nachgeordnet auch in der Ausbildung) relativ hoch. Hier liegen große Ressourcen.

All dies kann gesehen werden als Potenziale, die Weite des Situationsansatzes zu erhalten oder etwas von ihr wiederzugewinnen.

Aus dem Gesagten ist für den Situationsansatz unschwer nachvollziehbar, was jetzt auch als empirisch überprüft gelten kann: Gute Rahmenbedingungen sind für eine qualitativ gute Arbeit in Tageseinrichtungen unverzichtbar. Sie sind eine notwendige, aber nicht hinreichende Voraussetzung für Qualität. Die andere, ebenfalls notwendige Voraussetzung ist ein sozialpädagogisch kompetentes Personal.

Von daher ergeben sich Perspektiven für die Ermöglichung situationsorientierten Arbeitens:

- Verbesserung der Aus-, Fort- und Weiterbildung von Erzieherinnen,
- Erhalt und Ausbau der Unterstützungssysteme wie Supervision und kollegiale Beratung,
- Aufbau interkultureller und internationaler Beziehungen,
- Verstärkte Forschung im Bereich der Kleinkindpädagogik,
- Öffentlichkeitsarbeit.

Dies alles, ohne aus dem Blick zu verlieren, dass es letztlich nicht geht ohne Verbesserung der Rahmenbedingungen, also einer deutlichen Erhöhung des Anteils öffentlichen Reichtums, der für Kinder ausgegeben wird.

Das Bundesverfassungsgericht hat nun endlich die Politiker dazu gezwungen, ernst mit ihren Worten über den Wert der Familie und der elterlichen Erziehung zu machen, und fordert die Umverteilung von Steuerbelastungen in zig-Milliardenhöhe zugunsten der Familien mit Kindern.

Vielleicht wird eine Änderung der Rahmenbedingungen in Tageseinrichtungen, die dem Interesse des Kindes gerecht werden, dann erreicht, wenn es den sozialpädagogisch Tätigen gelungen ist, ein vergleichbares Urteil zur Bedeutung der familienunterstützenden Erziehung in Tageseinrichtungen zu erreichen. Wie es nun im Blick auf die familiären Erziehungsleistungen ergangen ist.

Weniger wäre auch in Zukunft zu wenig.

Literaturhinweise

So machen es die anderen 1, 2 und 3
H. Brooks/J. Wagner, Oskar und die Mitternachtskatze, München, 1981
Helme Heine, Freunde, Köln, 1982
Ali Mitgutsch, Wir spielen Abenteuer, o.J.
Leo Leonni, Swimmy, Köln, 1980
Leo Leonni, Das gehört mir, Köln, 1982
Gunilla Bergström, Bist du feige, Willi Wiberg, München, 1987
Eva Erikson, Eifersucht, Hamburg, 1980

Was ist eine Schlüsselsituation?
1. Heller/Lipp-Peetz/Naumann/Preissing: Unveröffentlichter Abschlussbericht zum Projekt Kindersituationen, Berlin 1998
2. aus: Grundzüge in der Arbeit nach dem Situationsansatz, s. Anmerkung 1)
3. Ulrike Geiß-Maaß, unveröffentlichtes Arbeitspapier aus der Fortbildung zur Fachkraft für den Situationsansatz, Level A
4. Planungsschritte im Situationsansatz, aus der Materialbox zur Praxisreihe Situationsansatz, Ravensburg 1998
5. Heller u.a., a.a.O., S. 85
6. Wir arbeiten nach dem Situationsansatz und das sind unsere Grundsätze, Materialbox aus der Praxisreihe Situationsansatz, a.a.O.
7. Jürgen Zimmer: Das kleine Handbuch zum Situationsansatz, Ravensburg 1998

Wer bestimmt, was wichtig ist?
Elternbrief Nr. 33, »Rituale«: Zu bestellen bei: Diakonisches Werk in Hessen und Nassau, Referat Kindertagesstätten, Ederstr. 12, 60486 Frankfurt/Main
Guggenmos, Josef: »Ein Elefant marschiert durchs Land«, Paulus Verlag, Recklinghausen 1968
Tolkien, John Ronald R.: »Der kleine Hobbit«, dtv, München 1993
Guggenmos, Josef, 1990
Schulz, Gudrun: »Umgang mit Geschichten«, Cornelius, Berlin 1997
von Weltzien, Diane: »Rituale neu erschaffen«, Sphinx-Verlag, 1995
Hoffmann-Volz, Ursula: Snoezelen – Reise in eine andere Welt, TPS, 1995, Heft 4
Heinzelmann, Gottfried: Snoezelen, klein & groß 1997, Heft 2
Schmid, Heidi: Zwischen Klangsäulen und Duftwänden, Kindergarten heute, 1997, Heft 10

Die Kinderkonferenz

1. Heike Kleinschmidt, Arbeit im Rahmen der Ausbildung zur Erzieherin an den Evang. Ausbildungsstätten, Elisabethenstift, Darmstadt (EVA)
2. Eckehard Zühlke, Vollständiger Text anzufordern unter: ezuehlke@sozialpaed.de
3. Götz Doyé/Christine Lipp-Peetz: Wer ist denn hier der Bestimmer? Das Demokratiebuch für die Kita, Ravensburg 1998
4. Regina Wolf, Arbeit im Rahmen der Ausbildung zur Erzieherin an den Evang. Ausbildungsstätten, Elisabethenstift, Darmstadt (EVA)
5. Angelika Rummel, Arbeit im Rahmen der Ausbildung zur Erzieherin an den Evang. Ausbildungsstätten, Elisabethenstift, Darmstadt (EVA)

Stossseufzer

Beiträge und Anregungen lieferten

1. Marion Gerlach, Erzieherin im evangelischen Kindergarten Gangstraße, Frankfurt
2. Anke Kadel, Erzieherin im evangelischen Kindergarten Rimbach
3. Veronika Lindmayer, Leiterin im katholischen Kindergarten Abenteuerland, Laudenbach

Autorinnen und Autoren

Mühlum, Sieglinde, langjährige Leiterin des Evangelischen Kindergartens Biengartenstraße, Lorsch und in dieser Eigenschaft bereits am ersten Modellprojekt zum Situationsansatz beteiligt

Viernkaes, Gaby, Gruppenleiterin im Evangelischen Kindergarten, Lorsch

Aures, Heike, Leiterin des Evangelischen Kindergartens, Winterkasten, zurzeit freigestellt für eine Ausbildung zur Heilpädagogin

Kobelt-Neuhaus, Daniela, Psychologin und Referentin im Arbeitszentrum Fort- und Weiterbildung im Elisabethenstift, Darmstadt

Rettig, Hedi, Erzieherin im Evangelischen Kindergarten Winterkasten

Haller, Angelika, Erzieherin im Evangelischen Kindergarten Winterkasten

Ramershoven, Marion, Erzieherin im Evangelischen Kindergarten Winterkasten

Kreling, Dorothee, Erzieherin und zurzeit Studentin der Diplom-Pädagogik

Lipp-Peetz, Christine, Dozentin an den Evangelischen Ausbildungsstätten (eva) im Elisabethenstift, Darmstadt, davor wissenschaftliche Mitarbeiterin im Projekt Kindersituationen der Freien Universität Berlin und Mitautorin der Praxisreihe Situationsansatz, Ravensburg 1998

Wagner, Irmgard, Dipl.-Sozialpädagogin, stellvertretende Schulleiterin in den Evangelischen Ausbildungsstätten (eva) und Trägervertreterin für das Kinderhaus im Elisabethenstift, Darmstadt, Mitglied im Vorstand des Pestalozzi-Fröbel-Verbandes e. V.

Dittmann, Mara, Dozentin und Schulkoordinatorin in den Evangelischen Ausbildungsstätten im Elisabethenstift (eva), Darmstadt, Buchautorin und Herausgeberin (Brave Mädchen – böse Buben, Weinheim; Entfaltung aller Sinne, Weinheim)

Holschuh, Ute, Erzieherin in einer städtischen Einrichtung in Erbach

Markgraf, Brigitte, Dozentin an den Evangelischen Ausbildungsstätten im Elisabethenstift (eva), Darmstadt

Haug-Zapp, Egbert, Pfarrer und Schulleiter der Evangelischen Ausbildungsstätten im Elisabethenstift (eva), Darmstadt, Buchautor